AF295152

Hannah Kraus

Wertevermittlung

Hannah Kraus

Wertevermittlung

anhand des pädagogischen Konzepts
„Herzensbildung mit Oups"

Lehrbuchverlag

Imprint
Any brand names and product names mentioned in this book are subject to trademark, brand or patent protection and are trademarks or registered trademarks of their respective holders. The use of brand names, product names, common names, trade names, product descriptions etc. even without a particular marking in this work is in no way to be construed to mean that such names may be regarded as unrestricted in respect of trademark and brand protection legislation and could thus be used by anyone.

Cover image: www.ingimage.com

Publisher:
Der Lehrbuchverlag
is a trademark of
Dodo Books Indian Ocean Ltd. and OmniScriptum S.R.L publishing group

120 High Road, East Finchley, London, N2 9ED, United Kingdom
Str. Armeneasca 28/1, office 1, Chisinau MD-2012, Republic of Moldova, Europe
Printed at: see last page
ISBN: 978-620-0-44787-6

Wertevermittlung
anhand des pädagogischen Konzepts „Herzensbildung mit Oups"

Hannah Kraus

Kurzzusammenfassung

In der vorliegenden Masterarbeit werden die Thematiken der Werteerziehung und Wertebildung in der Primarstufe behandelt. In Bezug dazu wird das pädagogische Konzept „Herzensbildung mit Oups" analysiert und mit Hilfe einer qualitativen Forschung auf dessen
Wirksamkeit erforscht. Ziel dabei ist es, herauszufinden, in wie weit die Werteerziehung mit
diesem Konzept in der Primarstufe umgesetzt werden und gelingen kann. Anhand von drei
Experteninterviews wird ein Blick in das Unterrichtsgeschehen möglich und es können
Schlüsse gezogen werden. Im Vergleich mit Fachliteraturen und dem allgemeinen Lehrplan
der Volksschule werden die Aussagen entsprechend analysiert und interpretiert, wodurch
sich die Forschungsergebnisse der Arbeit herauskristallisieren. Anhand der Forschungsarbeit
wird klar, dass die Werteerziehung sehr viel Zeit benötigt und die Wertebildung einen fort-
laufenden Prozess darstellt. Das pädagogische Konzept „Herzensbildung mit Oups" eignet
sich als Anwendung im Unterricht der Primarstufe sehr gut. Erfolge und sichtbare Änderungen der Wertebildung sind allerdings nur dann zu verzeichnen, wenn kontinuierlich mit dem
Konzept gearbeitet wird.

Summary

The present master thesis covers the topics of education of values and value formation in
primary education. In this respect the pedagogical approach of "Herzensbildung mit Oups" is
evaluated with regards to its effectiveness using qualitative research. The intention is to find
out how the approach could be successfully implemented in education of values in primary
school. Three interviews with experts enable a closer look into the procedure of the lessons
and conclusions are drawn. In comparison with specialist literature and the general curriculum of the primary school, statements are analysed and interpreted which leads to the out-
comes. According to this research, value formation still needs a lot of time, and education of
values is a permanent process. Overall, the pedagogical approach "Herzensbildung mit
Oups" is suitable for primary education, however, continuous work is needed to lead to suc-
cess and changes in value formation.

Vorwort

Für mich als Volksschullehrerin ist das Lehren und Leben eines respektvollen, liebevollen Umgangs im Klassenraum sehr wichtig. Die Kinder kommen aus verschiedenen Familien, Kulturen und mit verschiedenen Erlebnissen jeden Tag zusammen und müssen sich an die Rahmenbedingungen der Klasse anpassen. Diese Anpassung ist notwendig, um in der Schule Inhaltliches zu lernen und vor allem auch, auf andere Menschen zugehen zu können. Das Aufstellen von Regeln hat immer einen gewissen bitteren Beigeschmack, weshalb ich nach Möglichkeiten Ausschau gehalten habe, den Kindern die Sinnhaftigkeit notwendiger Regeln zu vermitteln, so dass sie selbst die Vorteile erkennen und hinter deren Einhaltung stehen. Bei meinen Recherchen bin ich auf das pädagogische Konzept „Herzensbildung mit Oups" gestoßen, das mit dem kleinen Außerirdischen Oups versucht, den Kindern Werte zu vermitteln, die Gemeinschaft innerhalb der Klasse zu fördern und die gesammelten positiven Erfahrungen nach Hause und hinaus in die Welt zu tragen. Die Vorstellung es gäbe irgendwo im Weltall einen Herzplaneten auf dem alle zusammenhalten, sich gegenseitig helfen und dadurch jede und jeder glücklich ist, ist wunderschön. Doch noch schöner ist die Tatsache, dass jede und jeder mit ihrem und seinem Verhalten etwas dazu beitragen kann, unsere reale Welt ein kleines bisschen mehr zu so einem Planeten zu machen. Die Kinder von heute gestalten die Welt von morgen, also sollten sie in sich, so viel Liebe, Mitgefühl und Freude tragen, dass sie diese auch weitergeben können. Das Konzept stärkt die Persönlichkeit der Kinder und zeigt auf, dass Unterschiede etwas Wertvolles sind. Zusammen kann man alles schaffen, ist man nie allein und kann man viele neue Dinge lernen. Ich sehe in diesem Konzept die Möglichkeit, die Kinder auf eine Art und Weise zu erreichen, die im Schulalltag nicht so leicht möglich ist. Leistungen sind zu erbringen, Inhalte müssen gelernt werden, ruhige Kinder gehen im Tumult der lauten Kinder unter und im Überblick über die Gesamtleistungen der Klasse werden Einzelne immer wieder übersehen. Meiner Meinung nach möchte Oups diese Dinge aufdecken und verändern. Durch Übungen und viel Praxis wird den Kindern klar vor Augen gebracht, dass Klassenregeln nichts Schlechtes sind und dass es Freude bereitet, wenn man anderen helfen kann. Solche Erfahrungen und Erkenntnisse wünsche ich allen Kindern dieser Welt und hoffe, dass auch ich mit Oups' Hilfe Kindern dieses Geschenk mitgeben kann.

Inhaltsverzeichnis

Abbildungsverzeichnis

Abkürzungsverzeichnis

bsp.   beispielsweise

div.   divers(e/er/en)

Päd.   Pädagogin/Pädagoge

u.v.m.   und viele(s) mehr

Tabellenverzeichnis

1 Themenaufriss und Zielstellungen

In diesem Kapitel werden die Leserinnen bzw. Leser in die Thematik der Arbeit und in die, der Arbeit zu Grunde liegenden, Fragestellungen, sowie in die Ziele der Arbeit eingeführt. Durch die Beschreibung der angewandten Forschungsmethode, wird ein grober Einblick in die Forschungsarbeit gewährt, wobei relevante Literaturquellen angeführt werden. Abschließend wird auf die Schwerpunktsetzung eingegangen und der grobe Aufbau der Arbeit beschrieben.

1.1 Hinführung zum Thema

Die Autorin dieser Masterarbeit befasst sich mit der Thematik der Wertevermittlung in der Primarstufe. Dazu wird das pädagogische Konzept „Herzensbildung mit Oups" beschrieben. Heranwachsende bauen im Laufe ihres Lebens ihr individuelles Werteverständnis auf, weshalb die Schule einen wesentlichen Beitrag dazu leisten sollte. Darüber hinaus sind Werte wie *Empathie*, *Respekt* oder *Wertschätzung*, für einen gelingenden Unterricht und den daraus resultierenden Kompetenzerwerb der Schülerinnen und Schüler notwendig. Wie gut Kinder Sachinhalte aufnehmen und sich im Unterricht auf die jeweiligen Thematiken konzentrieren können, hängt stark von ihrer Tagesverfassung und ihrem Wohlbefinden ab. Lehrpersonen merken verstärkt, dass sie ihren Unterricht nicht fortsetzen können, wenn sich Schülerinnen und Schüler unwohl fühlen und mit ihren Gedanken und auch Handlungen ganz wo anders sind. Neben familiären Hintergründen, spielt dabei das Wohlbefinden im Klassenraum eine wesentliche Rolle. Pausenstreitereien, Mobbing, oder Konkurrenzkämpfe beeinflussen das Wohlbefinden der Kinder. In diesem Bereich ist es den Lehrpersonen möglich, im Zuge des sozialen Lernens, etwas zur Verbesserung beizutragen. Die Stärkung des eigenen Ichs, Kritikfähigkeit, das Erkennen und Akzeptieren der Einzigartigkeit aller Individuen und vieles mehr, sollen im sozialen Lernen gestärkt werden, damit die Kinder diese Erfahrungen im Unterricht anwenden und davon profitieren können. Das pädagogische Konzept „Herzensbildung mit Oups" bietet Hilfestellungen an, um die sozialen Kompetenzen der Kinder im Unterricht aufzubauen und zu fördern. Der Fokus liegt dabei auf dem Denken, Handeln und Empfangen mit dem Herzen. Der Außerirdische Oups soll den Kindern dabei helfen, sich wohl zu fühlen, so wie man ist und diese positiven Gefühle weiterzugeben, damit in der ganzen Klasse und auch darüber hinaus ein produktives, friedvolles und respektvolles Arbeiten gelingen kann. Die Arbeit wirft einen genauen Blick auf die Zusammensetzung des Konzepts und bindet Erfahrungen von Lehrpersonen mit ein, die damit schon gearbeitet haben.

1.2 Frage- und Zielstellung(en)

In der Arbeit befasst sich die Autorin zunächst mit der Wertebildung und deren Vermittlungsfeldern sowie -modellen im Klassenzimmer. Dafür wird auch der Volksschullehrplan nach Verweisen zur Wertebildung und allgemein zum sozialen Lernen analysiert. Es wird der Frage nachgegangen, wie sehr soziales Lernen als Unterrichtsinhalt im Lehrplan verankert ist und was daraus geschlossen werden kann. In weiterer Folge, wird das pädagogische Konzept „Herzensbildung mit Oups" genau beschrieben. Mit Hilfe von Interviews werden Erfahrungen von Lehrpersonen eingebracht, die das Konzept in ihrem Unterricht verwenden bzw. verwendet haben, wobei folgende Fragen im Vordergrund stehen: Inwieweit trägt das Konzept der „Herzensbildung mit Oups" zur Wertevermittlung in der Primarstufe bei? Welche Werte können durch dieses Konzept vermittelt werden? Wie wird dieses Konzept in der Primarstufe umgesetzt? Wie wirkt sich dieses Konzept laut Einschätzung der Pädagoginnen bzw. Pädagogen auf das Verhalten der Schülerinnen und Schüler aus?

Bei dem genannten Verhalten der Schülerinnen und Schüler handelt es sich um das Sozialverhalten der Kinder, welches in der Schule beobachtet werden kann. Bezogen auf das angeführte Konzept und den allgemeinen Lehrplan der Volksschule, konzentriert sich die Autorin bei ihrer Arbeit besonders auf folgende Frage: Welche Ziele der „Herzensbildung mit Oups" werden auch im allgemeinen Lehrplan der Grundschule angeführt? Das Ziel der Autorin ist es, in ihrer Masterarbeit die Bedeutung des sozialen Lernens und im speziellen der Herzensbildung so gut wie möglich zu erfassen und klar hervorzuheben. Die Anliegen, Beweggründe und die gemachten Erfahrungen der Lehrkräfte sollen die Notwendigkeit des sozialen Lernens zur Geltung bringen.

1.3 Methodische Vorgangsweise

Bei der vorliegenden Arbeit handelt es sich zunächst um eine Literaturarbeit, die sich zu Beginn mit den theoretischen Grundlagen der Wertebildung beschäftigt. Anschließend werden die Felder der Wertevermittlung in der Primarstufe aufgelistet und Modelle, sowie die Verankerung im Lehrplan angeführt. Internetquellen, sowie Literaturquellen wie Urs Sommers, 2016; Wilson, 2013; Lindner, 2016; Bönsch, 2012; Schubarth, Speck und von Berg, 2010; Spitzer, 2002; Befuss, 2020 oder Götzinger und Kirsch, 2004 wurden zur Thematik der Wertebildung und –vermittlung herangezogen und in Relation zueinander gesetzt.

Bzgl. der Herzensbildung muss Liebertz, 2004 als Hauptquelle genannt werden, welche mit Jansen und Kunze, 2019 und auch Hawkins, 2018 erweitert wurde. Relevante Themen, wie der Einfluss der Peers, auf das Sozialverhalten von Schülerinnen und Schüler, werden von

Maschke und Stecher, 2010, sowie De Boer, 2009 erwähnt. Im nächsten Abschnitt wird das pädagogische Konzept „Herzensbildung mit Oups" vorgestellt und mit den Inhalten des allgemeinen Lehrplans der Volksschule verglichen. Literaturen wie Müller-Kmet, 2019 oder Bönsch, 2012 wurden dazu herangezogen. Bei der Erarbeitung der Schwerpunkte des Konzepts wurden unter anderem, folgende Quellen verwendet: Portmann, 2009; Barysch, 2016; Braun und Wetzel, 2006; Steuten, 2011; Kohlmann, 2016; Dallwitz-Weger, 2016, u.v.m. Es folgt der empirische Forschungsteil, bei dem leitfadengestützte Experteninterviews mit Pädagoginnen und Pädagogen geführt wurden, die mit dem pädagogischen Konzept „Herzensbildung mit Oups" in ihren Klassen arbeiten bzw. gearbeitet haben. Mit Hilfe von Online-Interviews wurden die Interviews geführt, transkribiert und anhand der qualitativen Inhaltsanalyse nach Mayring, 2010 ausgewertet. Die qualitative Forschungsmethode wurde mit den Literaturen Fuhs, 2007; Reinders & Ditton, 2015; Döring und Bortz, 2016 und Bohnsack, Geimer & Meuser, 2018 beschrieben. Zur genauen Erläuterung des Experteninterviews und der Durchführung eines leitfadengestützten Interviews, wurden wissenschaftliche Literaturen wie Reinders, 2015 zusätzlich herangezogen. Die drei Interviews wurden dann entsprechend der qualitativen Inhaltsanalyse ausgewertet, wobei sich die Autorin auf den zuvor angeführten Theorieteil bezieht. Die aus der Literaturarbeit und der anschließenden empirischen Forschung resultierenden Ergebnisse werden am Ende angeführt.

1.4 Abgrenzung der Arbeit (Schwerpunktsetzung)

Die Autorin befasst sich in der vorliegenden Arbeit zunächst mit den Begriffen: Wertebildung und -vermittlung, wobei das Augenmerk auf dessen Bedeutung und Umsetzung in Volksschulen gerichtet wird. Als eine von drei angeführten Werten, die in Volksschulen vermittelt werden, wird die Empathiefähigkeit genannt, wo auch die Herzensbildung ihren Platz findet. Diese wird hervorgehoben, weil sie im Konzept namentlich genannt wird, sich das Konzept also auf sie beruft. Der Lehrplan wird zweimal angeführt, wobei der Unterschied am gesetzten Fokus liegt. Zuerst geht es um die Wertevermittlung und das soziale Lernen allgemein, während es danach um die angeführten Ziele des Konzepts geht. Bei der Analyse des Konzepts werden dessen Schwerpunkte herausgearbeitet, welche mit Fachliteratur belegt und verglichen werden. Die Funktion eines Wertevermittlungskonzepts wird dabei kritisch in Frage gestellt. Anschließend geht es um die Umsetzung des Konzepts in Volksschulklassen und damit gemachte Erfahrungen, wozu Experteninterviews, welche geführt wurden, analysiert und ausgewertet werden.

1.5 Aufbau der Arbeit

Zu Beginn werden Grundlagen angeführt, auf denen diese wissenschaftliche Arbeit aufbaut und auf die sich die empirische Forschung bezieht. Zu diesen Grundlagen zählt die Wertebildung im allgemeinen, sowie im schulischen Kontext. Es werden Verankerungen im Lehrplan aufgezeigt, sowie Modelle und Felder der Wertevermittlung in Volksschulen. Abschließend werden die drei Bereiche der schulischen Wertevermittlung genauer angeführt: Vermittlung eines *respektvollen Umgangs*, von *Empathiefähigkeit* und einer *sozialen Kompetenz*. Die Herzensbildung wird als Teil der Empathiefähigkeit angegeben. Daraufhin folgt die Vorstellung des pädagogischen Konzepts „Herzensbildung mit Oups", wobei dessen Entstehung, Schwerpunkte und Ziele angeführt werden. Das Konzept wird in Bezug zu anderen Wertevermittlungskonzepten gesetzt und seine Ziele und Intentionen mit denen des Lehrplans verglichen. Der empirische Forschungsteil der Arbeit, umfasst eine qualitative Forschung, welche im 4. Kapitel genau beschrieben wird. Da das leitfadengestützte Experteninterview zur Erhebung der Forschungsdaten, als Forschungsmethode, herangezogen wurde, wird dieses genauer angeführt. Die geführten Interviews, welche im Anhang zu finden sind, werden im 5. Kapitel ausgewertet. Abschließend wird auf alle Forschungsfragen Bezug genommen.

2 Theoretische Grundlagen

Bei den theoretischen Grundlagen, die dieser Arbeit unterliegen, handelt es sich einerseits um die detaillierte Auseinandersetzung mit der Wertebildung, sowie deren Vorkommen und Vermittlung im Unterricht. Die schulische Vermittlung der, dem pädagogischen Konzept, zu Grunde liegenden Werte: *respektvoller* Umgang, *Empathiefähigkeit* und *soziale* Kompetenz, wird genauer angeführt.

2.1 Einleitung

In diesem Kapitel wird der Begriff der Wertevermittlung behandelt. Zu Beginn wird die Frage geklärt, was unter *Werten* und der *Wertebildung* zu verstehen ist. Anhand der menschlichen Sozialentwicklung, in der Geschichte der Menschheit, wird Bezug zu den unterschiedlichen Gesellschaftszusammenstellungen genommen, welche heutzutage Teil der Problematik schulischer Werteerziehung darstellen. In einem kurzen Exkurs wird auf die Werteentwicklung des Kindes Bezug genommen und in Relation mit der schulischen Werteerziehung gestellt. Es folgt ein Einblick in den Österreichischen Lehrplan der Volksschule, der nach Verweisen auf Wertebildung und vor allem auf den Wert der Sozialkompetenz durchleuchtet wird. Die Wertevermittlung in Schulen passiert in gewissen Beziehungsfeldern, derer sich die Lehrkräfte und Schulerhalter bewusst sein sollten. Genauso sollten sich all Jene das alltägliche Wertelehren und dessen Auswirkungen ins Bewusstsein rufen.

2.2 Wertebildung

Was sind Werte? Es wurden in der Vergangenheit schon zahlreiche Versuche unternommen *Werte* zu definieren – in weiterer Folge werden einige davon angeführt. Im Internet und der Literatur lassen sich neben den allgemeinen Definitionen lange Auflistungen von allen Werte-Begriffen finden. Die Webseite *ethik-unterrichten* (EEN, 2017, o. A.) beschreibt Werte als tief verwurzelte Haltungen und Überzeugungen, an denen sich eine Gesellschaft orientiert. Ein ganzes Werte-Lexikon, ist auf der Webseite *Wertesysteme* (EUWEA, 2014-2021, o. A.) zu finden. Neben „Aktivität", „Disziplin", „Pünktlichkeit", „Spaß" u.v.m. werden sehr viele Begriffe angeführt, die auf eine Interaktion zwischen Menschen hinweisen. Hier seien bsp. „Solidarität", „Teilen", „Respekt" oder „Empathie" zu nennen. Auf der genannten Webseite ist auch der Begriffsursprung des Wortes *Werte* angegeben. Er ist demnach auf das germanische Wort ‚werÞa', zurückzuführen, was mit ‚werden', ‚entstehen' oder ‚würdig' übersetzt werden kann. Bei Adjektiven ist der Begriff häufig als Suffix zu finden z.B. liebenswert oder sehenswert. Der Begriff hat sich im deutschen Sprachgebrauch festgesetzt und ist dort nicht mehr wegzudenken. Urs Sommer (2016) führt dies auch in seinem Buch an und weist ausdrücklich darauf hin, dass im Sprachgebrauch nicht immer auf einzelne Werte geschlossen werden kann und dass Wertungen situationsabhängig und somit nicht einheitlich festzulegen sind (vgl. S. 15f.). Die Webseite *Wertesysteme* (EUWEA, 2014-2021, o. A.) macht auf folgendes aufmerksam: Einem Gegenstand einen bestimmten Wert zuzuschreiben, darf nicht mit den Wertevorstellungen einer Gesellschaft oder einzelner Menschen verwechselt bzw. gleichgestellt werden. Bei der Wertebildung nehmen Vorbilder eine wesentliche Rolle ein. Durch sie werden Werte entdeckt und individuelle Wertevorstellungen können entstehen. Bei Werten geht es zunächst einmal um das eigene Wohlergehen, weshalb sich jeder Mensch seine eigene Wertevorstellung bilden sollte. Wird dieser Gedanke jedoch weitergesponnen, so wird klar, dass Werte auch das Allgemeinwohl der Gesellschaft zum Ziel haben. Der Mensch als Geschöpf, welches auf soziale Interaktionen angewiesen ist, um sich frei entfalten zu können, sich wohl zu fühlen und um nicht zu vereinsamen, ist am Wohlbefinden seiner Gesellschaft ebenso interessiert, wie am persönlichen. Ein solches Interesse an dem gesellschaftlichen Wohlbefinden scheint ein menschliches Grundbedürfnis zu sein.

Menschen sind von Beginn ihrer Geschichte an in sozialen Gruppierungen unterwegs. Schon bei der genaueren Betrachtung der menschlichen Evolution hält Wilson (2013) fest, dass sich die wenigen zehntausend Individuen, aller vormenschlicher Gruppierungen, schon sehr früh in zwei oder mehrere gleichzeitige Linien aufgespaltet haben (vgl. S. 17). Aus diesem Statement lässt sich schließen, dass bereits die Vorfahren des heutigen Menschen das Leben in Gruppen, dem Leben der Einzelgängerin oder des Einzelgängers vorzogen, sich jedoch in mehrere kleinere Gruppen aufteilten. Als Resultat dieser frühzeitigen Aufteilungen, können wir heute die verschiedensten Menschen und deren Kulturen auf der ganzen Welt betrachten. Unterschiede und Gemeinsamkeiten machen die Menschen aus und sind der Grund, weshalb sich Gesellschaften voneinander getrennt etablieren. Weichen Gewohnheiten oder Vorlieben eines Menschen zu sehr von jenen seiner Gesellschaft ab, so wird nach einem anderen gesellschaftlichen Umfeld gesucht, das besser passt. Bei all diesen Betrachtungen muss jedoch gesagt werden, dass ein Mensch, je nach seinem sozialen Umfeld und den Gewohnheiten seiner Gesellschaft, in seiner Entwicklung zum eigenständigen, selbstdenkenden Individuum beeinflusst wird. „Haltungen und Werte, an denen wir uns orientieren, werden aber nicht ein für alle Mal erworben, sondern bilden sich allmählich aus Erfahrungen des Individuums in seinem sozialen Umfeld heraus." (Daschner & von der Groeben, 2014, S. 6) Ein Kind wird demnach in eine Gesellschaft hineingeboren und bildet entsprechende Wertevorstellungen und Umgangsformen, die ihm, von seinem Umfeld, vorgelebt werden. Dass diese

Umgangsformen und Wertevorstellungen von Gesellschaft zu Gesellschaft unterschiedlich sind, liegt auf der Hand, schließlich haben sich die Menschen auch wegen ihren unterschiedlichen Ansichten in die heutigen Gruppierungen aufgeteilt.

Werte prägen eine Gesellschaft und bilden das Fundament, auf dem soziale Kompetenzen aufgebaut werden können. In Schulen stehen die Lehrkräfte vor der Aufgabe, „mittel- und oberschichtorientierte Werte, Normen und Sprachmuster" (Bönsch, 2012, S. 16) zu vertreten und sich an „Werten und Normen einer gedachten, gewollten und gelebten guten Gemeinschaft" (Daschner & von der Groeben, 2014, S. 8) zu orientieren. Bei diesen Werten und Normen handelt es sich um „moralische Regeln und Verhaltensprinzipien", die einer Demokratie zu Grunde liegen (Schubarth et al., 2010, S. 192). Schubarth et al. (2010) weisen ausdrücklich darauf hin, dass sich Normen und Werte in einem individuellen und kulturellen Lernprozess entwickeln und nicht durch einfache Belehrungen entstehen. Auch Rückschläge und Wiedersprüche sind keine Seltenheit (vgl. S. 192).

> *Die Akzeptanz und die Internalisierung der demokratischen Werte, Regeln und Prinzipien erwachsen aus der praktischen sozialen Teilhabe, aus dem alltagshäufigen Miterleben und aus der lebensnahen Erfahrung der Menschen, dass eben diese Werte, Regeln und Prinzipien überwiegend nützlich für ihr Wohlergehen und insofern menschenangemessen sind.* (Schubarth et al., 2010, S. 192)

Daraus lässt sich schließen, dass die Werte einer Gesellschaft von der sozialen Stellung der Menschen abhängen und auf die praktizierende Staatsführung hinweisen. In einem demokratischen Staat sollen Regeln und Werte stets das Wohl des einzelnen Menschen im Fokus haben und ein gemeinschaftliches Leben miteinander begünstigen. Darum stützen sich auch Lehrpersonen auf eine Wertebildung, die ein friedliches Zusammenleben und den Erhalt einer demokratischen Gesellschaft ermöglichen (siehe 2.6 Vermittlung von Werten im schulischen Kontext).

Im Hinblick auf die Werteentwicklung von Kindern, können also Schulen Wesentliches beitragen, da sich die Werthaltungen mit zunehmendem Alter in Richtung der persönlichen Autonomie hin verändern. Haltungen werden immer öfter als persönliche Überzeugungen verstanden und als solche gerechtfertigt (vgl. Standop, 2005, S. 41). Es steht jedoch auch fest, dass Werte bereits im Kleinkindalter schon in gewissem Ausmaß vorhanden sind. Zweijährige Kinder empfinden Empathie, wenn sie andere trösten und ihr Lieblingsspielzeug herschenken, um Freude zu verbreiten (vgl. Jansen & Kunze, 2019, S. 75). Das Werteverhalten entwickelt sich, passt sich dem Umfeld an und wird immer mehr zur Persönlichkeit.

Werteerziehung ist aber nicht nur Sache der Schulen. Sie tragen zwar wesentliches zur Vermittlung gesellschaftsspezifischer Werte und Normen bei, diese lassen sich jedoch „nicht an die Anderen delegieren" (Liebertz, 2004, S. 170). Wertevermittlung kann demnach nicht gänzlich in die Hände von Bildungsinstitutionen gelegt werden. Wie Schubarth et al. (2010) klargestellt haben, handelt es sich bei der Wertebildung vorwiegend um einen individuellen Prozess, der vom unmittelbaren Umfeld beeinflusst wird (vgl. 192). Das bedeutet, dass ab der Geburt die Wertebildung des Säuglings entwickelt und geformt wird. Die Normen und Werteeinstellungen der Eltern, haben einen wesentlichen Einfluss auf die selbige Entwicklung ihrer Kinder. Allerdings liegt die Verantwortung auch nicht gänzlich bei den Eltern, da Medien und die unterschiedlichen Peergroups die Wertorientierung auch stetig beeinflussen. Bei der Wertebildung handelt es sich also um einen Prozess, der nie als vollkommen abgeschlossen angesehen werden kann. Das Umfeld beeinflusst die Wertorientierung des Menschen sein ganzes Leben lang.

2.3 Wertevermittlung, -erziehung laut Österreichischem Lehrplan für Volksschulen

Im Voraus ist zu beachten, dass sich die folgenden Auszüge auf den allgemeinen Lehrplan der Primarstufe beziehen. Die Bereiche *Vorschulstufe, Volksschuloberstufe, Sonderschule, Religionsunterricht* und *Freigegenstände* wurden nicht herangezogen.

Im allgemeinen Lehrplan der Volksschulen (2012) wird folgendes festgehalten:

> *Die jungen Menschen sollen zu gesunden, arbeitstüchtigen, pflichttreuen und verantwortungsbewussten Gliedern der Gesellschaft und Bürgern der demokratischen und bundesstaatlichen Republik Österreich als Mitglied der Europäischen Union herangebildet werden. Sie sollen zu selbstständigem Urteil und sozialem Verständnis geführt, dem politischen und weltanschaulichen Denken anderer aufgeschlossen sowie befähigt werden, am Wirtschafts- und Kulturleben Österreichs, Europas und der Welt Anteil zu nehmen und in Freiheits- und Friedensliebe an den gemeinsamen Aufgaben der Menschheit mitzuwirken. (S. 9)*

Die Kinder sollen dazu befähigt werden, in einer demokratischen Gesellschaft mitzuwirken und eigenständig zum Gelingen einer solchen Gesellschaft beizutragen. Um diesen Aufgaben gerecht zu werden, sollen die Kinder die Wertansichten einer demokratischen Gesellschaft kennenlernen und annehmen. Das Verzeichnis im Lehrplan, nimmt die Schulen mit in die Verantwortung diese Aufgabe zu erfüllen.

Wertevermittlung und –erziehung stellen einen unverzichtbaren Bestandteil des Österreichischen Lehrplans dar. Geht man davon aus, dass der allgemeine Lehrplan der Primarstufe nur die Leistungsanforderungen der Schülerinnen und Schüler in den einzelnen Unterrichtsgegenständen anführt, so wird man schnell eines Besseren belehrt. Als allgemeines Bildungsziel der Primarstufe sind neben dem „für das Leben und den künftigen Beruf erforderlichen Wissen und Können" auch die „sittlichen, religiösen und sozialen Werte sowie [die] Werte des Wahren, Guten und Schönen" (Lehrplan der Volksschule, 2012, S. 9) angeführt. Der Unterricht soll neben dem fachlichen Wissen auch die gesellschaftsspezifischen Werte vermitteln, damit die Kinder zu selbstständigen Individuen werden und in der Gesellschaft gemeinschaftsfördernd agieren können. Als gesellschaftliche Werte werden „Humanität, Solidarität, Toleranz, Frieden, Gerechtigkeit und Umweltbewusstsein" festgehalten (Lehrplan der Volksschule, 2012, S. 9). Diese Werte sollen von den Lehrkräften in ihrem Unterricht ins Auge gefasst und den Kindern vermittelt werden. Den Schülerinnen und Schülern soll „eine grundlegende und ausgewogene Bildung im sozialen, emotionalen, intellektuellen und körperlichen Persönlichkeitsbereich ermöglicht werden" und eine der grundlegenden Aufgaben der Primarstufe ist die „Erweiterung bzw. [der] Aufbau einer sozialen Handlungsfähigkeit" (Lehrplan der Volksschule, 2012, S. 9).

Schon im ersten Teil des Lehrplans wird die Bedeutung der sozialen Lerninhalte deutlich hervorgehoben. In dem eigenen Unterkapitel „Volksschule als sozialer Lebens- und Erfahrungsraum" (S. 10) werden Themen wie eigene Interessen und Bedürfnisse, Konflikte, Kulturen, interkulturelles Lernen, Persönlichkeit der Lehrerin bzw. des Lehrers, Kooperation und Selbstständigkeit angeführt und die sozialerzieherische Aufgabe der Grundschule betont (vgl. Lehrplan der Volksschule, 2012, S. 10f.). Es ist sehr positiv zu werten, dass die Bedeutung individueller Lernvoraussetzungen, sozialer Bildung und Wertevermittlung klar angeführt und immer wieder betont wird. Was Liebertz (2004) über das Zusammenspiel von Emotionen und Lernfähigkeit (vgl. S. 34f.) vermittelt, wird auch im allgemeinen Volksschullehrplan (2012) nicht außer Acht gelassen. So heißt es bei den Entscheidungsfreiräumen der Lehrkräfte, „soziale, emotionale, intellektuelle und körperliche Bildung stehen in engem Zusammenhang und sind daher entsprechend zu berücksichtigen." (S. 18) Gefühle und Emotionen prägen den Schulalltag und begünstigen bzw. behindern den gewünschten Lernerfolg. Der Lehrplan weißt auf diesen Zusammenhang hin, da nur das Anführen der gegenstandsbezogenen Zielfähigkeiten und Lerninhalte, das Gemeinwohl der Schülerinnen und Schüler außer Acht lassen würden und so auch kein differenziertes Eingehen auf die individuellen Bedürfnisse und das Lerntempo stattfinden könnte. Erwähnenswert ist, dass im Lehrplan der Ganztagesschulen mehr soziales Lernen angeboten wird, bei dem „Kontaktfähigkeit, Toleranz und sozial angemessene Begegnungsformen [...] gefördert werden" sollen (Lehrplan der Volksschule, 2012, S. 23). Dieser Vermerk könnte zur Folge haben, dass Halbtagesschulen weniger Zeit für soziale Lerninhalte bereitstellen, da sie die knappe Vormittagszeit zur Vermittlung gegenstandsbezogener sachlicher Lerninhalte benötigen. Dem ist entgegenzusetzen, dass jedes

Lernen Interaktionen zwischen Schülerinnen bzw. Schülern, Lehrenden und auch Schulpersonal beinhaltet, bei denen Emotionen eine große Rolle spielen und diese daher auch berücksichtigt werden müssen. Die zusätzliche Betonung bei Ganztagsschulen soll dazu führen, dass neben den Unterrichtsstunden genügend Freizeitaktivitäten angeboten werden, bei denen die Förderung von Sozialkompetenzen ganz groß geschrieben steht und nicht auf sie vergessen wird. Passende Spiele zur Förderung der Sozialkompetenzen lassen sich unter anderem bei Portmann (2009) finden.

Auch bei den *allgemeinen didaktischen Grundsätzen* findet sich ein eigenes Unterkapitel, das auf das soziale Lernen hinweist. „Die Stärkung des Selbstwertgefühls und [...] die Entwicklung des Verständnisses für andere" (S. 26) sollen daraus resultieren. Ist es den Kindern möglich ihre Persönlichkeit zu entwickeln, so erfolgen jene Kompetenzen daraus:

> *das Mit- und Voneinanderlernen, das gegenseitige Helfen und Unterstützen, das Erwerben einfacher Umgangsformen, das Entwickeln und Akzeptieren von Regeln bzw. eines Ordnungsrahmens als Bedingung für Unterricht, das gewaltfreie Lösen bzw. das Vermeiden von Konflikten, das Erkennen und Durchleuchten von Vorurteilen, das ansatzweise Verständnis für Manipulation, die Sensibilisierung für Geschlechterrollen.* (Lehrplan der Volksschule, 2012, S. 26)

Diese Auflistung beinhaltet einige Themen, die nach Hackl (2011) auf die drei „Felder der Werteerziehung in Schulen" (S. 21), Unterricht, Lehrpersonen und Schulkultur schließen lassen. Im Lehrplan wird die Werteerziehung hier, allerdings nicht extra erwähnt.

Nach den allgemeinen Bildungszielen und den didaktischen Grundsätzen stellt sich nun die Frage, in wie weit das soziale Lernen in den einzelnen Unterrichtsgegenständen berücksichtigt wird. Im *Erfahrungs- und Lernbereich Gemeinschaft* des Sachunterrichts lautet das Ziel der Kinder, sich selber und ihre Kolleginnen und Kollegen besser kennen zu lernen und ihre sozialen Handlungsfähigkeiten weiter zu entwickeln. Auffallend ist, dass hier Werte und Normen extra erwähnt werden und zu einem Nachdenken und bewusst praktizierten Perspektivenwechsel aufgefordert wird (vgl. Lehrplan der Volksschule, 2012, S. 84f.). Der im Sachunterricht vermittelte Bereich der Gemeinschaft, stellt das wichtigste Umsetzungsfeld des sozialen Lernens in der Grundschule dar. Hier haben die Lehrpersonen die besten Möglichkeiten, Werteerziehung, Sozialprojekte oder Alltagsthemen der Schülerinnen und Schüler aufzugreifen, mit ihnen durchzugehen, zu reflektieren und zu verinnerlichen. Sowohl in der Grundstufe I als auch in der Grundstufe II werden Verhaltensweisen, Rollenverteilungen, Kommunikationsstrategien, Gewaltprävention, Familienkonstellationen und Kulturvielfalt angeführt und sind somit Lerninhalte. In der Grundstufe II wird darüber hinaus der Respekt gegenüber Werteorientierungen anderer Kulturen betont, was eine Auseinandersetzung mit den eigenen Werten voraussetzt (vgl. Lehrplan der Volksschule, 2012, S. 86f.). Im Bereich der

Musikerziehung lässt sich im Lehrplan auch ein Teil des sozialen Lernens finden und zwar in der Fähigkeit „zur Rücksichtnahme auf Einzelne und die Gruppe bei gemeinsamen musikalischen Aktivitäten" (S. 166). Kooperationsfähigkeiten werden trainiert und die Bedeutung, ein angesehenes Gruppenmitglied zu sein, beim Musizieren in der Gruppe oder dem Mitsingen in einem Chor, verleiht Selbst- und Verantwortungsbewusstsein. Bei der Bildnerischen Erziehung wird auch die Kooperationsbereitschaft als Bildungs- und Lehraufgabe angeführt. Bei Partner- und Gruppenarbeiten werden „Kooperationsfähigkeit, Toleranz [und] Verantwortungsgefühl" (S. 175) gefördert, was sich bei Werkbetrachtungen und konstruktiven Feedbackrunden bemerkbar macht. Ähnlich verhält es sich auch bei dem technischen und textilen Werken, wo neben den Gruppenarbeiten auch die Wertschätzung eigener und fremder Produkte angeführt ist. „Kritikfähigkeit" wird geübt und das „Selbstwertgefühl" (S. 187) soll gestärkt werden (vgl. S. 187f.). In jedem Unterrichtsgegenstand, wo es zu Gruppen- oder Partnerarbeiten kommt, kommen automatisch soziale Lernaspekte hinzu, die genauso berücksichtigt werden müssen, wie die Themeninhalte der einzelnen Unterrichtsgegenstände.

Ganz besonders erwähnenswert ist in diesem Sinne der Sportunterricht. Schon in der Bildungs- und Lehraufgabe wird festgehalten, dass der Sportunterricht „für die ganzheitliche Bildung und Erziehung" eine wichtige Funktion darstellt und einen grundlegenden Beitrag auf die „körperliche, motorische, soziale, affektive, motivationale und kognitive Entwicklung" (S. 197) der Kinder leistet. Körper und Geist sollen hier ersichtlich miteinander verschmelzen und so die bestmögliche Entwicklung der Schülerinnen und Schüler sichern. Sozialkompetenzen werden vorwiegend in den Bereichen *Spielen, Wahrnehmen und Gestalten, Gesund leben* sowie *Erleben und Wagen* entwickelt (vgl. Lehrplan der Volksschule, 2012, S. 198f.). Die Kinder lernen sich an Spielregeln zu halten, diese einzufordern, als Team zu agieren, Lösungsstrategien zu entwickeln, den Körper als Ausdrucksmittel zu nutzen, ihr Können zu demonstrieren, Toleranz zu zeigen und vieles mehr. Die Gruppendynamik der Klassengemeinschaft kann dadurch gestärkt werden. Im Bereich *Gesund leben* im Sportunterricht wird extra angeführt, dass „der Aufbau von Schutzfaktoren und die Vermeidung von Risikofaktoren" (ebd. S. 215) angestrebt werden. Das Bewusstwerden gesunder Lebensformen und das Erhalten der eigenen Gesundheit gilt es den Kindern zu vermitteln, so dass sie eine Sensibilität dafür aufbauen können.

Neben dem Sachunterricht bietet also der Sportunterricht die besten Möglichkeiten, soziales Lernen in den Unterricht einzubauen und in der Praxis mit den Kindern zu durchleben. Die drei Elemente Erleben, Handeln und Ritual, die sich in der Schulkultur verbinden, können hier durchlebt werden (vgl. Hackl, 2011, S. 22). Bei den didaktischen Grundsätzen des Sportunterrichts im Lehrplan wird die Funktion und Aufgabe der Lehrkraft hervorgestrichen.

> *Der Unterricht hat den Dialog, die Reflexion, das Verstehen, die Unterstützung, Anleitung und Beratung durch die Lehrkraft zu beinhalten: Das Schaffen einer angstfreien Lernatmosphäre (soziales Wohlbefinden, persönliche Wertschätzung) ist für positive Lernprozesse wesentlich und die Vorbildwirkung der Lehrerinnen und Lehrer hat eine entscheidende Funktion. Der Bezug zur Bewegungswelt des Kindes ist herzustellen. (S. 220)*

Hier wird wieder der Zusammenhang von Emotion und Lernfähigkeit angesprochen, wobei die Rolle der Lehrkraft ins Scheinwerferlicht gestellt wird. Freudige Emotionen müssen vorgelebt und authentisch vermittelt werden. Es bedarf grundlegenden Vertrauens, dass sich Schülerinnen und Schüler wohlfühlen und so, das meiste Potential aus dem Unterricht schöpfen können.

Im Bereich der lebenden Fremdsprachen werden die Kommunikationsfähigkeit, die Kulturoffenheit und die vorurteilsfreie Begegnung mit anderen Kulturen als Bildungsaufgaben angeführt (vgl. Lehrplan der Volksschule, 2012, S. 243). Solche Fähigkeiten müssen jedoch erst in der Erstsprache verstanden und praktiziert werden, damit sie in einer anderen Sprache und deren Kultur angewendet werden können. Die Offenheit und positive Haltung gegenüber anderen Sprachen, Ländern und Kulturen können und sollen im Fremdsprachenunterricht verstärkt vermittelt werden (vgl. Lehrplan der Volksschule, 2012, S. 243).

Zu guter Letzt lassen sich im Bereich der Verkehrserziehung Bildungsziele des sozialen Handelns finden.

> *Durch entsprechende Formen der Vermittlung sollen Einsichten, Einstellungen, Verhaltensweisen und Kenntnisse grundgelegt werden; dies sowohl mit dem Ziel, das Grundschulkind zur Teilnahme als Fußgänger am Straßenverkehr zu befähigen, als auch unter dem Gesichtspunkt seiner künftigen Verkehrsteilnahme als Jugendlicher und Erwachsener. (Lehrplan der Volksschule, 2012, S. 249)*

Daraus ist abzuleiten, dass eine ausreichende Aufklärung über die Verkehrsteilnehmerinnen bzw. Verkehrsteilnehmer und deren Verhaltensregeln im Straßenverkehr, wozu auch die Kinder zählen, ein Grundverständnis und eine gegenseitige Achtsamkeit bewirken sollen. Aufeinander achtgeben, vorausschauend handeln und das Aufbauen von Vertrauensgrundlagen, werden hier vom Klassenzimmer hinausgetragen und auf das unmittelbare Umfeld angewendet.

Im Lehrplan der Grundschule lassen sich doch mehr Spuren sozialer Lerninhalte finden, als der erste Eindruck meinen lässt. Die soziale Arbeit mit den Kindern stellt einen Grundsatz dar, dessen sich jede Lehrkraft in ihrem Unterricht bewusst sein sollte. Wenn sich die Kinder wohl fühlen, sie auf Hilfe vertrauen können, gegenseitige Hilfe anbieten und ihnen das Allgemeinwohl der Klasse am Herzen liegt, können auch die Inhalte einzelner Gegenstände nachhaltiger aufgenommen und besser verinnerlicht werden.

2.4 Modelle schulischer Werteerziehung

Bei der schulischen Werteerziehung können mehrere pädagogische Konzepte genannt werden, denen wiederum unterschiedliche Modelle entspringen. Doch was genau kann unter dem Begriff *Pädagogisches Konzept* verstanden werden?

Bei *Pädagogischen Konzepten* handelt es sich um Schwerpunktsetzungen, auf die sich Klassen oder ganze Schulen beziehen. Befuss (2020) nennt drei verschiedene Bereiche, bei dem Versuch einer Auflistung gängiger Konzepte. Der erste Bereich umfasst Konzepte zur „Entwicklung von Individualität und Selbstständigkeit": Die „Fröbelpädagogik", die „Montessori-Pädagogik", die „Inklusion und Integrative Pädagogik", die „Reggio-Pädagogik" und der „Situationsansatz" (Befuss, 2020). Der zweite Bereich hat die Bewegung und die Natur als Mittelpunkt und beinhaltet die „Bewegungspädagogik", die „Waldpädagogik" und die „Waldorfpädagogik" (Befuss, 2020). Der dritte Bereich legt den Fokus auf die „intellektuelle Entwicklung" der Kinder und umfasst die „Sprachförderung", die „Interkulturelle Erziehung", die „Hochbegabung", den „Situationsorientierten Ansatz" und den „Offenen Ansatz" (Befuss, 2020). Bei diesen Bereichen handelt es sich um Schulkonzepte, die unmittelbare Auswirkungen auf die Gestaltung des Schulalltags haben. Pausengestaltung, Lernmaterialien, Lernorte, Hausübungen und Erarbeitungsmethoden liegen dem jeweiligen Konzept zugrunde und orientieren sich daran. Es handelt sich dabei um Konzepte, die die gesamte Schule prägen. Petillon (2002) spricht von sogenannten „Makrokonzepten", erwähnt jedoch auch „einzelne[...] fachdidaktische[...] Ansätze[...]" (S.21).

Grundsätzlich können zwei Wertevermittlungskonzepte unterschieden werden. Die *materiale Wertevermittlung* möchte Wertüberzeugungen und entsprechende Tugenden lehren, während die *formale Wertevermittlung* darauf aus ist, den Kindern die Werte im Unterricht verständlich zu machen (vgl. Hackl, 2011, S. 20).

Aus diesen zwei Konzepten der Wertevermittlung haben sich folgende Modelle entwickelt: „Das romantische Modell: Selbstbildung der Werte im Reifungsprozess", „Das technologische Modell: Weitergabe der Werte durch Instruktion, Vorbild, Verstärkung und Übung" und „Das konstruktivistische Modell: Ethisches Lernen in der Auseinandersetzung mit Modellen, Beispielen und Dilemmasituationen" (Hackl, 2011, S. 20).

Dass Werte und vor allem auch die Wertorientierung sich im Laufe des Lebens immer wieder verändern, halten Haller und Müller Kmet (2019) insofern fest, da sie davon berichten, dass unter anderem die Rechtswissenschaften, die Theologie, sowie auch die Öffentlichkeit und die Medien den Wertewandel der Menschen immer wieder thematisieren (vgl. S. 51). Doch können Werte in diesem Reifungsprozess von selbst gebildet werden? Eine Vertreterin des romantischen Modells stellt Maria Montessori dar, die die Selbstständigkeit der Kinder in den Vordergrund rückt und die Erzieherinnen und Erzieher als aufmerksame Begleiter sieht, die bei Bedarf helfen können (vgl. Maier-Hauser, 2000, S. 23).

Das technologische Modell vermittelt die „Lehrbarkeit der Werte und Tugenden" (Hackl, 2011, S. 20). Der Erziehungswissenschafter Wolfgang Brezinka kann mit diesem Modell in Verbindung gebracht werden. Seiner Meinung nach, sollte die Werte-Erziehung „überwiegend indirekt erfolgen, aber auch Belohnung und Bestrafung, Belehrung und Gewöhnung einschließen. Wichtig seien auch das eigene Vorbild und eine liebevolle Beziehung zu den Kindern und Jugendlichen" (Textor, 2003).

Als Vertreter des konstruktivistischen Modells kann Georg Lind mit seiner „Konstanzer Methode der Dilemma-Diskussion" genannt werden. Dabei geht es um die „Förderung moralischer Kompetenz" und um „Fähigkeiten im Bereich des moralisch-demokratischen Verhaltens" (Stangl, 2015). Situationen die nach dem moralisch Richtigen fragen, werden gemeinsam mit den Kindern reflektiert (vgl. Hackl, 2011, S. 20).

Interessante Aspekte kommen dabei auch von der Gehirnforschung, die das Frontalhirn als Sitz der Werte definiert (vgl. Spitzer, 2002, S. 340f.). Liebertz (2004) führt das „limbische System" als „Hirnregion für das Entstehen, Verarbeiten und Speichern von Gefühlen" (S. 31) an, welches „in enger Beziehung zum vegetativen Nervensystem" steht und „die Basis unserer körperbezogenen emotionalen Zustände bildet." (S. 32) Hinghofer-Szalkay bringt das Frontalhirn mit dem limbischen System zusammen, indem er klarstellt: „Das Frontalhirn tauscht sich mit dem limbischen System aus: Während dieses Emotionen generiert, ermöglicht das Frontalhirn deren Beherrschung." (Hinghofer-Szalkay, o. J., o. A.) Die beiden Hirnregionen sind demnach beide zu beachten, wenn es um physische Wertebildung geht. Während Liebertz (2004) festhält, dass sich Menschen an Gerüche oder Farben aus ihrer Kindheit deswegen so gut erinnern können, da in dieser Zeit das limbische System heranreift (vgl. S. 38), spricht Spitzer (2002) von einem sehr späten Wertelernen. Den Kindern sollen zwar Geschichten über Gut und Böse bzw. Richtig und Falsch erzählt werden, das reflektierende Sprechen über das moralisch Richtige, ist jedoch erst in späteren Jahren effektiv (vgl. S.351f.). Stellt sich nur die Frage, ob man mit Kindern überhaupt über Gefühle und moralische Handlungen sprechen sollte, wenn sie kognitiv dazu noch gar nicht in der Lage sind? Wie Spitzer (2002) schon angedeutet hat, sollen moralische Entscheidungen und Handlungen den Kindern nicht vorenthalten werden (vgl. S.351f.). Schubarth et al. (2010) stellen klar:

„Entscheidende Grundlagen für eine gelingende Wertebildung bei Jugendlichen sind [...] Erfahrungsräume zur Aneignung von Werten." (S. 63) Diese Erfahrungsräume werden über „Partizipationsangebote" (Schubarth et al. 2010, S. 64) gebildet, also durch das unmittelbare Einbinden der Kinder. Daraus lässt sich schließen, dass Werte das Kind von Beginn seines Lebens an prägen und es beeinflussen. Sie werden unterbewusst aufgenommen, wobei das Kind langsam sein Werteverständnis aufbaut. Durch Anpassung und Spiegelung werden Erfahrungen gesammelt, wodurch eine individuelle Wertebildung stattfindet. Das bewusste Wahrnehmen dieser Wertebildung und Werteveränderung, innerhalb des eigenen Lebens, passiert erst später.

2.5 Felder der Werteerziehung in Schulen

Die Werteerziehung in Schulen hängt vor allem von drei Feldern ab: Unterricht, Lehrperson und Schulkultur. In all diesen Bereichen gibt es die Möglichkeit den Kindern Werte zu vermitteln, ihnen vorzuleben und sie zu thematisieren. Schubarth et al. (2010) teilen diesen drei Bereichen die Aufgabe „indirekter Wertebildung" (S. 32f.) zu.

2.5.1 Unterricht

Der Unterricht stellt ein Feld dar, in dem Werte vermittelt werden. Dabei gibt es jedoch keine einheitliche Vorgabe. Gestaltungen und Schwerpunktsetzungen hängen von der führenden Klassenlehrkraft, sowie von den Interessen und dem Lernstand der Kinder ab. Aus dem großen Repertoire an Unterrichtsmethoden, werden drei herausgenommen, die sich besonders gut zur Werteerziehung eignen.

2.5.1.1 Sitzkreis

Der Sitzkreis ist eine gängige Methode im Schulalltag. „Die Position des Lehrers ist eine von vielen innerhalb der Lerngruppe." (Mattes, 2011, S. 108) Damit verlässt die bzw. der Lehrende die Position der bzw. des Vortragenden und ermöglicht einen direkten Austausch der Schülerinnen und Schüler untereinander. Bei einem Sitzkreis sitzen Schülerinnen, Schüler und die Lehrperson in einem Kreis zusammen, wobei sich die genannten Personen entweder auf Pölstern am Boden, oder auf ihren Sesseln zusammenfinden. Ein Sitzkreis kann als Einstieg in neue Lerninhalte herangezogen werden. Die Methode des Kreises assoziiert den Kindern, dass etwas Außergewöhnliches bzw. etwas nicht Alltägliches stattfindet. Bei persönlichen Gesprächen, Berichten von Vergangenem oder Besprechungen von neuen Projekten eignet sich ein Sitzkreis besser, als der Frontalunterricht in den Bankreihen. Mattes (2011) führt folgende Punkte als Lernchancen mit dem Sitzkreis an:

- *Miteinander reden im Sitzkreis schafft eine Gesprächsatmosphäre, die von Schülerinnen und Schülern aller Altersstufen – auch von Erwachsenen – als wohltuend empfunden wird.*

- *Weil es keine Tische als Barrieren gibt, nimmt die Distanz in der Gruppe ab. Menschen im Sitzkreis sind mit ihrer Gesamtperson präsent. Man beobachtet ihre Körpersprache, ihre Mimik und Gestik viel genauer, als dies bei den sonst üblichen Sitzordnungen der Fall ist. Das kann bei älteren Schülern zunächst verunsichernd wirken, wirkt sich aber positiv aus, sobald das Gespräch in Gang gekommen ist.*

- *Der Lehrer verlässt die Dozentenrolle und wird zu einem partnerschaftlich agierenden Gesprächspartner, der Moderationsaufgaben übernimmt.*

- *Der Sitzkreis schafft die Situation, an die jüngere Schüler durch den Kindergarten und durch die Grundschule gewöhnt sind. Ältere Schüler empfinden sich in ihren Ansichten als ernst genommen, wenn Lehrer auf gleicher Augenhöhe mit ihnen kommunizieren.*

- *Der Prozess der Bildung von Sitzkreisen bietet die Chance, soziale Kompetenzen zu trainieren. Die Schüler können dabei lernen, Rücksicht auf andere Klassen zu nehmen. Wenn Sie zum Beispiel den Hinweis geben, dass in der Klasse nebenan gerade eine Arbeit geschrieben wird und das Team daher besonders leise bei der Umstellung zu verfahren hat, leisten Sie einen Beitrag zur Erziehung zur Rücksichtnahme. (S. 108f.)*

2.5.1.2 Fantasiereise

Auch die Fantasiereise gehört zu den Methoden, die im Unterricht eingesetzt werden können, mit der den Kindern eine Atempause ermöglicht wird, um anschließend wieder aufmerksamer arbeiten zu können. Die Schülerinnen und Schüler nehmen eine bequeme Sitz- oder Liegeposition ein und hören der Lehrkraft zu, welche eine Geschichte erzählt bzw. vorliest. Dabei begeben sich die Schülerinnen und Schüler auf eine Reise zu einem Ort, den sie sich durch die Beschreibungen der Lehrkraft vorstellen. Sie begegnen dort Personen, Tieren und Wesen, die auf eine bestimmte Art und Weise auf sie wirken, die ihnen aus schwierigen Situationen helfen oder die zum Spielen, Singen oder Tanzen animieren. Dieses meditative Verfahren bringt Ruhe und Entspannung in den Schulalltag, muss jedoch in einem klar definierten Rahmen (Ritual, Umgestaltung des Klassenraumes, Änderung der Sitzposition, ...) stattfinden und nachträglich mit den Kindern verarbeitet werden (vgl. Mattes, 2011, S. 118). Als Lernchancen beschreibt Mattes (2011) die Aktivierung der Fantasie, die beruhigende Wirkung solcher Fantasiereisen, die den Stressabbau fördert und Unruhe entgegenwirkt, die positive Reaktion der Kinder auf diese Methode und die Aktivierung von Gehirnsphären, „die in den kognitiv angelegten Unterrichtsphasen eher vernachlässigt werden." (S. 118)

> *Kreatives Fühlen und Denken wird angeregt und trainiert. Die Methode gibt Kindern und Jugendlichen die Möglichkeit, in Stille bei sich und seiner Sache zu sein, sie trainiert einen ruhi-*

gen und entspannten Umgang mit sich selbst. Schülerinnen und Schüler werden auf originelle Art und Weise in neue Themenbereiche eingeführt. In der Fantasiereise vermittelte Informationen werden langfristig behalten. (Mattes, 2011, S. 119)

Führt man sich diese Aspekte der Fantasiereise vor Augen, so ist sie eine Methode, die keinesfalls im Unterricht ausgelassen werden sollte. Durch sie können die Kinder Abstand zur eigenen jetzigen Schulsituation bekommen, was besonders vor Prüfungen sehr beruhigend wirkt. Durch solche Reisen können Schülerinnen und Schüler auch die eigene Person für einen Augenblick verlassen und als Vogel durch die Lüfte fliegen oder als Delphin die Meere erkunden. Die Fantasie schafft hier neue Blicke, die festgefahrene Muster in anderen Lichtern sehen bzw. aus anderen Perspektiven zeigen. Kinder und auch Erwachsene können somit aus ihren eigenen Denkmustern ausbrechen und über Bilder staunen, die sie sich davor nicht vorstellen konnten. Im Bereich der Konfliktbewältigung kann die Methode dabei helfen, den Standpunkt des jeweils anderen besser zu verstehen und einfühlend zu handeln. Nach jeder Reise ist es wichtig, dass die Kinder wieder behutsam zurück in die Gegenwart geholt werden. Dafür muss ausreichend Zeit beansprucht werden, sowie auch für die nachträgliche Besprechung der Reise. Durch das Erzählen von Erlebtem, das Niederschreiben oder Zeichnen des Fantasieortes und der Personen, die einem begegnet sind, dringen das Erlebnis und die verbundenen Gefühle verstärkt in die Gegenwart ein. Werden Zeichnungen angefertigt, so reicht später möglicherweise nur der Blick darauf aus, um die positiven Gefühle der Reise von neuem zu erleben.

2.5.1.3 Partnerarbeit

Neben Einzelarbeiten und Gruppenarbeiten gibt es auch eine Zwischenstufe: die Partnerarbeit. Das gemeinsame Erarbeiten von Arbeitsaufträgen steht dabei im Vordergrund, wobei nur mit einer weiteren Person zusammengearbeitet werden muss und nicht mit einer größeren Gruppe. Bei Mattes (2011) wird angeführt, dass die Partnerarbeit keinen großen organisatorischen Aufwand beinhaltet, da das Finden der Paare und auch die anschließende Zusammenarbeit nicht viel Zeit oder zusätzliche Arbeitsorte in Anspruch nimmt (vgl. S. 48). Genauso wie bei Einzelarbeiten und Gruppenarbeiten, müssen die Rahmenbedingungen wie Arbeitszeit, abschließende Präsentation oder Ausmaß der Arbeit vorab klar festgelegt werden. Folgende Lernchancen ergeben sich aus der Partnerarbeit:

- Sie fördert die Teamfähigkeit und begünstigt dadurch das Arbeiten in Gruppen.

- Der Austausch mit einem Partner wirkt sich positiv auf die Einzelerarbeitung aus. Die Kinder stellen ihre Arbeiten ihren Partnerinnen bzw. Partnern vor und lernen so ihre

Vorgehensweise zu beschreiben und zu argumentieren. Außerdem denkt man gleichzeitig über die eigene Arbeitsweise nach und kann diese optimieren.

- Schüchterne, ängstliche Kinder bekommen in dieser Form Rückmeldungen, ohne sich vor der ganzen Klasse äußern zu müssen.

- Freundschaften können verstärkt und eine gerechte Arbeitsaufteilung kann gelernt werden. (vgl. Mattes, 2011, S. 48)

Das Zusammenarbeiten mit einer anderen Person funktioniert einmal besser, einmal schlechter. Wichtig ist es, dass den Kindern die Vorteile des kooperativen Arbeitens klar werden und sie sich bemühen, so gut es geht zusammenzuarbeiten. Die „Kompetenz zur Zusammenarbeit" (S. 49) ist notwendig, um im weiteren Leben mit Arbeitskolleginnen und Arbeitskollegen kooperieren zu können und dadurch zu einem Ziel zu kommen (Mattes, 2011).

2.5.2 Lehrperson

Eine indirekte Wertebildung entsteht durch die „Vorbildwirkung der Lehrkräfte", sowie eine „Anerkennungs- und Achtsamkeitskultur" (Schubarth et al., 2010, S. 33). Die Lehrperson nimmt demnach eine wichtige Rolle bei der Wertebildung ein. Durch ihr Wirken und ihre Ausstrahlung sowie ihre eigenen Gewohnheiten und ihr Verhalten hat sie enormen Einfluss auf die Wertebildung der Kinder. Daschner und von der Groeben (2014) weisen ausdrücklich darauf hin, dass den Kindern ein angemessenes Verhalten unbedingt vorgelebt werden muss und dass es dafür kein einheitliches Rezept gibt. Wie Menschen miteinander umzugehen haben, muss gelernt werden, niemand wird mit einem solchen Wissen geboren (vgl. S.8f.). Die Lehrperson nimmt zunächst die Position „einer Stammesführerin" (Hawkins, 2018, S. 110) ein. Eine natürliche Autorität ausstrahlend, gewährt sie allen Gruppenmitgliedern Schutz und sorgt dafür, dass allgemeines Wohlwollen herrscht und sich alle sicher entfalten können (vgl. Hawkins, 2018, S. 110). Vorgelebtes kann so besser angenommen und umgesetzt werden. Die von Daschner und von der Groeben (2014) ausgearbeiteten fünf Thesen:

1. *Wir können Regeln und Normen nicht ohne die uns anvertrauten Kinder festsetzen, schon gar nicht gegen sie, sondern nur mit ihnen.*

2. *Grunderfahrungen, die wir allen Kindern wünschen, müssen in unseren Schulen vermittelt werden.*

3. *Das Verhalten, das wir von Kindern erwarten, müssen wir ihnen vorleben in einer von uns verantworteten Gemeinschaft.*

4. *Für angemessenes Verhalten gibt es keine Patentrezepte und kein für alle Schulen verbindliches Curriculum.*

> 5. *Ein guter Umgang von Menschen mit Menschen kann und muss gelernt werden.* (S. 8f.)

können jeder Lehrkraft als Vorsätze dienen, an denen sich ihr Unterricht ausrichtet.

2.5.3 Schulkultur

Die Wirksamkeit indirekter Wertebildung, kann vor allem in demokratisch-partizipativen Schulkulturen wissenschaftlich belegt werden. Weniger Gewalt und ein Anstieg der Schulqualität sind die positive Folge (vgl. Schubarth et al., 2010, S. 32f.). Damit Kinder eine nachhaltige Wertebildung aufbauen können, ist es von Vorteil, wenn sich die gesamte Schule am Erreichen dieses Ziels beteiligt. „Schülerinnen und Schüler werden eindeutig und in bestimmendem Maße in ihrem sozialen Verhalten durch den normativen ‚Alltagsstil' einer Schule als Ganzes geprägt. Angemessene Wertebindungen kann schulische Bildung fördern, indem sie Respekt gegenüber unterschiedlichen Werteorientierungen anbahnt, Gemeinsamkeiten unterschiedlicher Werttraditionen aufzeigt und Empathie zulässt" (Baumert et al., 2002 zit. nach Standop, 2013, S. 46). Nur wenn die Schule selbst ihre Werteorientierungen leben, können diese authentisch vermittelt und von den Schülerinnen und Schülern auch angenommen werden. Standop (2013) nimmt im angeführten Zitat drei wesentliche Faktoren heraus, den Respekt, den Vergleich und die Akzeptanz unterschiedlicher Traditionen, sowie die Empathie.

2.6 Vermittlung von Werten im schulischen Kontext

Haller und Müller Kmet (2019) beschreiben Werte

> *als allgemeine Richtlinien in Bezug auf das, was Menschen für sich selbst und ihre Gesellschaf-*
> *ten als richtig und gut erachten; sie geben Orientierungen in Bezug auf das individuelle Ver-*
> *halten, die Beziehungen der Menschen zueinander und ihre Beziehung zu Natur und Umwelt.*
> *(S. 51)*

Nach dieser Definition orientieren sich die gelebten Werte an dem, was der einzelne Mensch und die jeweilige Gesellschaft für gut und richtig halten. Schulen beleuchten hauptsächlich die Beziehungen zwischen den Menschen, also alles was für das Zusammenarbeiten und den zwischenmenschlichen Umgang in einer Gemeinschaft richtig ist. Da es sich bei einer Schulklasse um eine bunt zusammengewürfelte Klassengemeinschaft handelt, ist dieser Werte-Schwerpunkt naheliegend. Jansen und Kunze (2018) halten ihrerseits fest, dass bei den vermittelten Werten, die zu einer „ganzheitlichen, zukunftsweisenden Bildung" (S. 41) leiten sollen, im Zentrum die Liebe zu stehen hat.

Der Unterricht kann die, im Kapitel 2.2 *Wertebildung* beschriebene, Entwicklung aufgreifen und die Wertevermittlung so gestalten, dass die Kinder persönliche Beziehungen dazu aufbauen können. Es muss jedoch sichergestellt werden, dass Schülerinnen und Schüler nicht nur eine Vielzahl an Werten kennenlernen und begründen können, um daraus ihren eigenen Wertekanon zu erstellen. Jansen und Kunze (2019) stellen klar, dass die Kinder zunächst herausfinden müssen, „wer sie sind, was sie brauchen und was sie sich wünschen, [...] [sowie] sich selbst wertzuschätzen und sich zu vertrauen." (S. 42) Sind sie also in ihrem Selbstbewusstsein gestärkt und befinden sie sich in einem stabilen Umfeld, in dem sie sich sicher entfalten können, so ist es möglich, Werte anzunehmen und zu verinnerlichen. Durch festgelegte Werte und Ziele, kann eine Schulgemeinschaft entstehen in der ein gutes Lernen stattfindet. Johnson et al. (2002) beschreiben folgende Werte, die sich Schülerinnen und Schüler aneignen müssen: „Sie müssen sich dem Allgemeinwohl verpflichtet fühlen, ihren Beitrag zur Arbeit leisten, die Bemühungen der anderen und deren Persönlichkeit respektieren, sich um andere kümmern, ihnen wenn nötig helfen und die Vielfalt der Meinungen respektieren." (S. 27) Kinder können diese Werte nur dann verinnerlichen, wenn sie ihnen im alltäglichen Leben immer wieder begegnen und sie ihnen vorgelebt werden. Diese Ansicht vertreten auch Schubarth et al. (2010), die eine ganzheitliche Wertebildung erst durch das Zusammenspiel vom Erwerb einer Werteurteilsfähigkeit, der Reflexion und praktischer Tätigkeiten beschreiben (vgl. S. 34). Im Unterricht gibt es verschiedenste Möglichkeiten mit den Kindern Werte zu thematisieren. Es können Plakate gestaltet werden, wobei jeder Wert mit den Kindern besprochen wird und der Einfluss dieses Wertes auf das individuelle Leben erläutert wird. Schülerinnen und Schüler können Werte in zugewiesenen sozialen Rollen verinnerlichen. Die ganze Schule sollte keinen Anlass geben, sich ausgrenzend oder verletzend zu benehmen (vgl. Johnson et al., 2002, S. 198f.). Doch damit ist die Frage noch nicht geklärt, welche Werte nun in den Schulen vermittelt werden sollen? Da sich Werte auf der individuellen Ebene entwickeln und das ganze Leben über immer neu geformt und fokussiert werden können, ist es wichtiger, bei der Wertevermittlung auf die Ganzheitlichkeit zu achten, als sich auf einzelne Werte zu versteifen (vgl. Jansen & Kunze, 2019, S. 64). Bei jeder Vermittlung fließt etwas Persönliches automatisch mit ein und beeinflusst dadurch die Schülerinnen und Schüler. Darauf sollte bei der Vermittlung von Werten daher ganz bewusst geachtet werden. Beeinflussen Werte das gesamte Schulleben, sind sie präsent, wird auf ihre Einhaltung geachtet und wurden sie ausreichend thematisiert, so beeinflusst das Wertesystem, das einer Gemeinschaft zu Grunde liegt, das Leben der Heranwachsenden Kinder und kann von ihnen verinnerlicht werden. Johnson et al. (2002) weißen auch auf die Wertevermittlungen mittels konkurrierendem und individuellem Lernen hin (vgl. S. 201f.). Die Kinder lernen aus dem Vergleich mit anderen bzw. durch eigene Lernerfolge und –niederlagen Wertigkeiten und Verhaltensweisen kennen. Dieser Tatsache müssen sich Pädagoginnen und Pädagogen bewusst sein, jedoch sollte der Fokus der Wertevermittlung im Unterricht auf den gemeinschaftsfördernden Prinzipien liegen. Gegenseitige Wertschätzung und kooperative Zusammenarbeit sind nachhaltige Werte, die das Zusammenleben einer Gesellschaft ermöglichen. Dazu existieren mehrere Konzepte der schulischen Werteerziehung (siehe 2.4 Modelle schulischer Werteerziehung). Das pädagogischen Konzept „Herzensbildung mit Oups" (Stöckler & Hörtenhuber, *BH*, 2016) wird in weiterer Folge mit diesen in Bezug gebracht (siehe 4.3 Pädagogisches Konzept).

2.6.1 Vermittlung eines respektvollen Umgangs

„Der Gerechte erbarmet sich auch seines Viehs – das ist ein vortrefflicher Spruch; ja, der edle, der gerechte Mann martert kein lebendiges Wesen." (Freiherr von Knigge, 2000, S. 343)

Was Freiherr von Knigge (2000) mit seinem Statement zum Ausdruck bringen möchte, ist zwar auf den Umgang mit Tieren spezifiziert, drückt jedoch gleichzeitig aus, dass ein gewissenhafter Mensch die Fähigkeit besitzt, sich in andere Lebewesen hineinzuversetzen und ihnen aus diesem Grund sämtliches Leid vom Leib halten möchte. Der Umgang mit der individuellen Umgebung hat enorme Auswirkungen auf die eigene Persönlichkeit und auch auf das Verhalten der Umgebung auf die Person. Das bedeutet, dass jedes Geschöpf mit seinem Verhalten das eigene Leben und das Leben anderer beeinflusst und bis zu einem gewissen Grad mitgestalten kann. „In der Interaktion zweier Menschen wird die Stimmung desjenigen, der seine Gefühle stärker äußert, auf den passiven übertragen." (Liebertz, 2004, S. 132) Was Liebertz im Bezug zu den menschlichen Gefühlen und Emotionen äußert, trifft auch auf den allgemeinen Umgang zwischen zwei Menschen zu. Wird einem Menschen mit ehrlichem Respekt begegnet, so verspürt dieser viel stärker das Bedürfnis diesen respektvollen Umgang zu erwidern. Ähnliches ist auch im Umgang mit Haustieren zu beobachten. Schafft es der Mensch einem Hund artgerecht mit großem Respekt zu begegnen, so wird auch dieser seinen bestmöglichen Respekt entgegenbringen. Cuddy, Sullivan, Viner und Whitehead (2008) bestätigen dies mit ihrer Aussage: „Das Ziel einer artgerechten Erziehung ist, dass Mensch und Hund ein gutes Team bilden. Dies gelingt nur, wenn die Grundausbildung auf gegenseitigem Respekt und Verständnis basiert. Dann gehorcht der Schützling nicht aus Angst, sondern weil er seinem Besitzer vertraut." (S. 88) Es ist natürlich zu beachten, dass das menschliche Respektsverständnis von dem der Tiere abweicht und darum nicht zwingendermaßen ein gegenseitiges Verständnis stattfindet. Erfahrungsgemäß treten Abweichungen eines Respektverständnisses jedoch auch zwischen den Menschen auf. Nichts desto trotz kann die Behauptung aufgestellt werden, dass bei einem gegenseitigen respektvollen Umgang jede Seite bestmöglich anerkannt wird und daraus großen Profit schlagen kann. Dies bestätigt auch Lindner (2016) indem sie festhält, dass „Respekt [...] eine zentrale Rolle für die Beziehung zwischen Führungskraft und Mitarbeiter" (S. 170f.) spielt und deren Kommunikation erleichtert. Auch in der Medizin hängen Zufriedenheit und Wohlbefinden der Patienten von dem ihnen Respekt entgegenbringenden Arzt ab (vgl. S. 171).

Da die Ausführungen eines respektvollen Umgangs mit der Natur, mit den Tieren, mit technischen Errungenschaften oder mit Ausnahmezuständen den Rahmen dieser Arbeit sprengen würden, und der gesetzte Schwerpunkt bei einem respektvollen Miteinander im Schulwesen liegt, wird nun nur der Umgang zwischen den Menschen genauer betrachtet.

Menschen sind also unterschiedlich, sie bevorzugen verschiedene Dinge, urteilen aufgrund unterschiedlicher Motive und erwarten gesellschaftsspezifische Umgangsformen, die naturgemäß von anderen abweichen. Wie kann demnach ein *richtiger Umgang* zwischen verschiedenen Gesellschaften praktiziert werden? Aufwachsende Kinder werden von ihrem Umfeld, von den Bedingungen des Landes, von der Familiensituation und von den sozialisierenden Bildungsinstitutionen erzogen. Umgangsformen der Gesellschaft werden vorgelebt und den Kindern beigebracht. Dazu kommt die eigene individuelle Persönlichkeit des Kindes, welche von der Außenwelt zwar beeinflusst, jedoch nicht komplett von dieser geschaffen werden kann (vgl. Daschner & von der Groeben, 2014, S. 6). „Jeder Mensch gilt in dieser Welt nur so viel, als wozu er sich selbst macht." (S. 28) schreibt Freiherr von Knigge (2000) bereits im Jahr 1788 und weist damit auf die Bedeutung des individuellen Auftretens und Umgangs hin. Die Art und Weise, wie sich ein Mensch selber gibt, wie er vor Leuten auftritt und wie er spricht, hat große Auswirkungen auf das Verhalten jener Leute, zu besagtem Menschen. Freiherr von Knigge (2000) möchte zum Ausdruck bringen, dass durch einen angemessenen Umgang mit anderen Menschen nicht die eigene Persönlichkeit zu kurz kommen darf. Neben der Anpassung an fremde Gegebenheiten und Umgangsformen zeigt er folgende Hilfestellungen auf:

> *Strebe nach Vollkommenheit, aber nicht nach dem Scheine der Vollkommenheit und Unfehlbarkeit! [...] Sei aber nicht gar zu sehr Sklave der Meinungen andrer von Dir! Sei selbstständig! [...] Enthülle nie auf unedle Art die Schwächen Deiner Nebenmenschen, um Dich zu erheben! [...] Schreibe nicht auf Deine Rechnung das, wovon andern das Verdienst gebührt! [...] Rühme aber auch nicht zu laut Deine glückliche Lage!* (S. 30f.)

In einer Gesellschaft aufzuwachsen, seine eigenen Meinungen und Ansichten zu bilden, selbstständig zu werden und in der Begegnung mit anderen Kulturen das richtige Maß an Respekt und Anerkennung hervorzubringen, ohne dabei die eigene Persönlichkeit zu verlieren, das ist die große Kunst eines respektvollen Umgangs mit anderen Menschen. Lindner (2016) betont dazu, dass jeder Mensch eine Würde hat, „die unter allen Umständen und zu jeder Zeit respektiert werden muss" (S. 169), wodurch die Ungleichheit der Menschen ausgeglichen würde. Aber den richtigen Umgang mit, und das richtige Maß an Respekt zu anderen Menschen gelehrt zu bekommen, ist eine Farce. Es gibt schlichtweg keinen *richtigen Umgang*, denn in jeder Kultur sind die Indikatoren dafür anders definiert. „So gilt es z.B. in manchen Kulturen als respektlos, jemandem in die Augen zu schauen, während dies in anderen Kulturen als respektvoll empfunden wird." (Schönberger, 2010 zit. nach Lindner, 2016, S. 170) Ist man sich jedoch der Unterschiede bewusst und begegnet fremden Gesellschaften mit Respekt, Anerkennung und Verständnis, so kann ein friedlicher Austausch zwischen unterschiedlichen Kulturen stattfinden. Alle Beteiligten können Neues lernen und Eigenheiten weitergeben.

Bevor es um ein respektvolles Miteinander geht, ist der Gedanke festzuhalten, dass auch der Umgang mit sich selbst ausschlaggebend für das friedliche Auskommen einer Gesellschaft ist. Das Bewusstwerden darüber, was dem eigenen Körper zugefügt und was von ihm erwartet wird, lässt den Menschen auf seinen Körper hören. Es wird so das Wissen erlangt, das für das eigene Wohl gebraucht wird. Wenn der Mensch weiß, wie er behandelt werden möchte, so kann er auch nachvollziehen, weshalb ein anderer Mensch andere Vorstellungen hat (vgl. Jansen & Kunze, 2019, S. 73).

Mit dem Wissen, dass Umgangsformen stark vom Umfeld abhängen, ist es nur natürlich, dass im Klassenraum unterschiedlichste Vorstellungen des Umgangs aufeinandertreffen. Die Lehrkräfte sind darin gefordert, den Kindern einen respektvollen Umgang miteinander beizubringen und dabei selbst als gutes Beispiel voranzugehen. Das beginnt schon am ersten Schultag, bei der Begegnung der Lehrkraft mit den Schülerinnen und Schülern. Eine behutsame erste Kontaktaufnahme und erste Begrüßungs- bzw. Abschiedsrituale bilden ein gutes Fundament einer neuen Beziehung (vgl. Daschner & von der Groeben, 2014, S. 8). Schulen müssen dafür sorgen, dass „Grunderfahrungen, die wir allen Kindern wünschen", gelehrt werden (Daschner & von der Groeben, 2014, S. 8). Die Kinder kommen mit unterschiedlichen Vorerfahrungen in die Schulen. Sie kommen aus unterschiedlichen Familien und, heutzutage immer häufiger, auch aus unterschiedlichen Ländern bzw. Kulturen. Damit eine Klassengemeinschaft entstehen kann, in der sich alle Mitglieder mit Respekt entgegentreten und einander akzeptieren und dadurch Freundschaften und Lernteams entstehen können, bedarf es „Anerkennung, Zuwendung, [und dem] […] Gefühl, gebraucht zu werden" (Daschner & von der Groeben, 2014, S. 8). Sie müssen fixer Bestandteil des Unterrichts von Seiten der Lehrkraft sein, um überhaupt einen respektvollen Umgang von Seiten der Schülerinnen und Schüler erwarten zu können. Beim Wertelernen von Schülerinnen bzw. Schülern, ist „die Dechiffrierung des eigenen Handelns oder der eigenen Positionierung, d. h. ihre sprachliche Artikulierung [...] ein entscheidender Prozess" (Hackl, 2011, S. 23). Durch die Kommunikation und Erläuterungen von Entscheidungen der Lehrkraft, können die Kinder deren Handlungen nachvollziehen und sie subjektiven Wertehandlungen zuordnen. Aus solchen Erfahrungen heraus resultiert die Erkenntnis, dass es unterschiedliche Umgangsnormen, Angewohnheiten und Handlungsmotivationen gibt. Begegnet ein Mensch jedoch einem anderen mit Respekt, Anerkennung und ausreichendem Selbstbewusstsein, so ist ein gemeinschaftliches Leben möglich. Lindner (2016) beschreibt respektvolles Verhalten als „Versuch, die Welt aus der Sichtweise des anderen zu betrachten, ihn vor selbstschädigenden Entscheidungen zu bewahren und ihm mit Freundlichkeit zu begegnen." (S. 170) Wie man respektvoll miteinander umgeht und einander schätzt, muss in Schulen vorgelebt und gelernt werden.

2.6.2 Vermittlung von Empathiefähigkeit

Die Fähigkeit, sich in einen anderen Menschen hineinversetzen zu können, wird allgemein als Empathiefähigkeit bezeichnet. Mitleid und Sympathie sind damit jedoch nicht gemeint und müssen klar von Empathie abgegrenzt werden (vgl. Funk, 2016, S. 56). In der Schule ist die Vermittlung von Empathiefähigkeit ein bedeutsames Element der ganzheitlichen Wertebildung (siehe 2.5.3 Die Schulkultur). Generell wird angenommen, dass jeder Mensch die Fähigkeit zur Empathie in sich trägt. Um zu empathischen Handlungen jedoch fähig zu sein, bedarf es folgender Entwicklungsschritte: „Entwicklung eigener Perspektivenvorstellungen, Erkennen anderer Perspektivenvorstellungen, Perspektivenübernahme" (Funk, 2016, S. 59). Werden diese Schritte von den Bildungsinstitutionen berücksichtigt und entsprechend thematisiert, haben die Kinder gute Voraussetzungen, ihre Empathiefähigkeit auszubauen. Schließlich hängt laut Funk (2016) das Ausmaß der Empathie „nicht nur von individuellen Dispositionen und Lernprozessen, sondern auch von externen Einflussvariablen ab." (S. 59) Empathie kann von empathischen Menschen erlernt werden, wobei der direkte Vergleich mit sich selbst gewährleistet sein muss. Eltern und Lehrpersonen nehmen eine Vorbildrolle ein, sodass ein empathisches Verhalten erlebt und übernommen werden kann. Dabei ist es wichtig auf einen aktiven Perspektivenwechsel aufmerksam zu machen, um diesen zu trainieren. Gefühle und deren Wandelbarkeit spielen dabei eine wichtige Rolle (vgl. Funk, 2016, S. 59f.).

Empathiefähigkeit spielt auch bei der Herzensbildung eine wichtige Rolle. Die ganzheitliche Bildung des Kindes und vor allem der Fokus auf die Sprache und Wünsche des Herzens, stehen dabei im Vordergrund.

Was ist unter dem Begriff *Herzensbildung* zu verstehen? Liebertz (2004) bietet mit ihrem Buch: „Das Schatzbuch der Herzensbildung" wesentliche Anhaltspunkte, die die Bedeutung,

Herkunft und Anwendung der Herzensbildung erläutern. Sie appelliert an die Pädagoginnen und Pädagogen,

> *es ist höchste Zeit, dass wir uns als Pädagogen auf unsere eigentlichen Fähigkeiten als Erzieher mit Kopf, Herz und Hand besinnen. Wir sollten die Herzensbildung wieder in den Vordergrund unseres pädagogischen Bestrebens rücken. Denn die pure Wissensvermittlung vermögen jetzt die Neuen Medien wesentlich ansprechender und schneller zu realisieren als wir. (S. 169)*

Liebertz bringt deutlich hervor, dass die wichtigste Aufgabe der Lehrkräfte, das Lehren mit dem Herzen ist. Die Lerninhalte gewinnen damit an Wert und können besser aufgenommen und verstanden werden. Die von Liebertz angesprochene Besinnung auf Kopf, Herz und Hand stimmt mit Blooms Taxonomie des Lernens überein, die dafür da ist, „Lehrenden und Schulen bei der Aufstellung eines Rahmens für die Schlüsselfertigkeiten zu helfen, die durch Bildung entwickelt werden sollten." (Hawkins, 2018, S. 23) Die kognitive sowie die physische und emotionale Entwicklung sind mit diesen *Schlüsselfertigkeiten* gemeint.

Die Fähigkeiten, mit dem Herz lehren und lernen zu können, müssen von klein auf aufgebaut und daher auch in der Schule vermittelt werden. Schon im 17. Jahrhundert kam der Gedanke auf, dass rationales Denken und die Vernunft des Herzens zwei verschiedene Dinge seien (vgl. Liebertz, 2004, S. 44). Die Sprache des Herzens bzw. das Achten auf ein inneres Gefühl, welches nichts mit vernünftigem Denken zu tun hat, wurden also schon recht früh erkannt und vom logischen, mathematischen Denken unterschieden. Diese Erkenntnis sollte auch bei der Erziehung von Kindern berücksichtigt werden. So formuliert der Pädagoge Johann Heinrich Pestalozzi:

> *Der erste Unterricht des Kindes sei nie die Sache des Kopfes, er sei nie die Sache der Vernunft – er sei ewig die Sache der Sinne, er sei ewig die Sache des Herzens. Wenn es mir von ferne gelingen sollte, die abgestorbenen Fundamente der Geistes- und Herzensbildung und einer mit den veredelten Kräften des Geistes und des Herzens übereinstimmenden Kunstbildung dem Herzen meiner Zeitgenossen wieder näher zu bringen, so würde ich mein Leben segnen und die größten Hoffnungen meiner Bestrebung erfüllt sein. (Liebertz, 2004, S. 45)*

Anhand des Beispiels von Hawkins (2018) lässt sich auch eindeutig feststellen, dass Intelligenz nicht gleich Intelligenz ist: „Ein hoher IQ mag uns helfen, einen guten Job zu bekommen, doch sind es unsere anderen Kompetenzen – unsere emotionalen und zwischenmenschlichen Fähigkeiten –, die uns in die Lage versetzen können, etwas aus diesem Job zu machen" (S. 33).

Das Wissen um eine im Inneren jedes Menschen schlummernde Kraft, bedarf in Erinnerung gerufen zu werden. Herzensbildung umfasst das Begreifen und Nutzen der eigenen Gefühle, den respektvollen Umgang mit anderen Personen sowie der Umwelt, die Werteerziehung und die Ausprägung sowie den Ausdruck von Emotionen. Dass all die genannten Kompetenzen und Bereiche eng miteinander zusammenhängen, lässt sich schließen, wenn man Jansen und Kunze (2019) hinzuzieht mit ihrem Statement:

> *Erst wenn wir [...] unsere eigenen Emotionen kennenlernen und annehmen, können wir echtes, wertfreies Mitgefühl (nicht Mitleid) mit anderen als Ausdruck der Liebe entwickeln. Das hilft uns auch dabei, anderen Menschen, den uns anvertrauten Kindern, Schülerinnen [und Schülern] und Studierenden, offen und freundlich zu begegnen. Wenn uns das gelingt, können wir eine liebevolle Atmosphäre schaffen und auch den Heranwachsenden diese Fähigkeiten vermitteln.* (S. 27)

Obwohl Jansen und Kunze die Achtsamkeit als Basis für Mitgefühl und emotionaler Stabilität sehen, ist nicht zu leugnen, welche Ähnlichkeiten zwischen den geschilderten Auswirkungen von Achtsamkeitsstunden und der Herzensbildung bestehen. Hawkins (2018) hält dazu fest, dass Herzlichkeit ein Teil aufrichtiger Achtsamkeit ist (vgl. S. 175). Aufeinander achtzugeben, sich gegenseitig zu schätzen und sich Zeit zu nehmen für sich und andere, ist also nur dann ehrlich und ernst zu nehmen, wenn auch das Herz mit dabei ist.

Wie Liebertz (2004) definiert, wird der Begriff „Herzensbildung" heutzutage als „emotionale Intelligenz" bezeichnet (S. 48). Diese emotionale Intelligenz stellt eine Teilmenge der Sozialen Intelligenz dar, wobei zusätzlich zwischen intrapersonaler und interpersonaler Intelligenz unterschieden wird. Das Verständnis der eigenen Gefühle und das Verständnis der Gefühle anderer vereinen sich in der emotionalen Intelligenz, außerdem vereinen sich in ihr Ration und Emotion (vgl. Liebertz, 2004, S. 49). Sie ist definiert „als perzeptive [unbewusste] Klarheit über die eigenen emotionalen Zustände" und „wird allgemein mit als wichtigste Grundausstattung eines Menschen angesehen." (Salovey, Mayer, Goldman, Turvey & Palfal, 1995, 125–154 zit. nach Kuschel, 2016, S. 22) Fühlen und Denken sind nicht separat zu betrachten. Einerseits können Gedanken die Gefühle beeinflussen – dieser Prozess ist notwendig, um Angst vorzubeugen oder Stresssituationen zu vermeiden – andererseits können Gefühle das Denken beeinflussen, was besonders beim Lernen hilfreich ist. Die Herzensbildung streicht die Bedeutung der Gefühle und der Wertebildung deutlich hervor und zeigt auf, dass das WIE des Lernens mindestens genauso wichtig ist, wie das WAS, wenn nicht wichtiger. Zwei Faktoren sind dabei noch zu erwähnen, die „Motivation und Freude am Lernen" und „die Lehrerpersönlichkeit." (Jansen & Kunze, 2019, S. 25) „Menschen sind von Natur aus neugierig und kreativ, und unsere soziale Evolution ist auf diese Fähigkeiten angewiesen." (S. 176) Diese von Hawkins (2018) beschriebene natürliche Neugierde und Herzlichkeit sollte gefördert werden, was zu einem großen Teil von den Lehrpersonen abhängt. Das Herz muss ins

Lernen integriert werden, indem die Erfahrungen des Kindes und die Entwicklungsbedürfnisse berücksichtigt werden und so das schulische Lernen dem natürlichen menschlichen Lernen angeglichen wird (vgl. Hawkins, 2018, S. 214). Jansen und Kunze (2019) stellen klar: „Wir alle brauchen das Gefühl, angenommen und wertgeschätzt zu werden. Spüren Kinder und Jugendliche das, können sie in einer angstfreien Atmosphäre lernen." (S. 26) Lehrpersonen können nur bedingt Einfluss auf das außerschulische Leben nehmen, jedoch ist es schon anspruchsvoll genug im Schulalltag eine solche angstfreie Atmosphäre jederzeit zu gewährleisten. Dabei haben es selbstverständlich auch jene Lehrkräfte leichter, die selbst emotional stabil und empathisch sind. Menschen mit einem ausgeprägten Werteverständnis sind selbstständiger und können sich in die Lage anderer hineinversetzen. Dies gilt für Lehrpersonen und selbstverständlich in weiterer Folge auch für Schülerinnen und Schüler. Gefühle können erkannt und genutzt werden und Lerninhalte werden nachhaltiger aufgenommen, wenn sie gekoppelt mit positiven Gefühlen gelehrt werden. Was banal und selbstverständlich klingt ist keineswegs gang und gäbe in Familien und Bildungsinstitutionen. Die Herzensbildung möchte diese Defizite ausgleichen und damit etwas zu nachhaltigem Lernen für das Leben beitragen.

Die Herzensbildung im Unterricht beinhaltet die Stärkung des Selbstbewusstseins, das Erkennen und Einsetzen eigener Gefühle, die Wertschätzung anderer Menschen, Konfliktbewältigung sowie ähnliche soziale Themenbereiche, die im Klassenverband relevant sind. Hawkins (2018) bringt das Wesentlichste jedoch genau auf den Punkt, indem er schreibt: „'das Herz in den Lernprozess einbeziehen' bedeutet aber auch, dass wir unsere Gefühle und Impulse verstehen, damit wir sie bei Bedarf mäßigen können. Es geht darum, ein Gleichgewicht zu finden." (S. 217) Jansen und Kunze (2019) appellieren an die Lehrkräfte und Erzieherinnen bzw. Erzieher mit ihrer Aussage, dass alle Kinder die Möglichkeit bekommen sollten, eine Verbindung zu ihren Herzen herzustellen (vgl. S. 97). „Es geht darum, das Angebot der Entwicklung zur Selbstliebe und zur Verbindung zum eigenen Herzen zu machen!" (Jansen & Kunze, 2019, S. 98) Das pädagogische Konzept „Herzensbildung mit Oups" ist darauf zurückzuführen.

2.6.3 Vermittlung einer sozialen Kompetenz

Da es bei der vorliegenden Forschungsarbeit auch darum geht, die Veränderungen des Sozialverhaltens der Schülerinnen und Schüler zu analysieren, die auf die „Herzensbildung mit Oups" zurückzuführen sind, muss zunächst jenes Sozialverhalten der Kinder genau definiert werden. Im Großen und Ganzen wird dabei der Fokus vor allem auf die Beziehungen zwischen den Kindern gelegt. Jansen und Kunze (2019) definieren dazu folgende passende Grundhaltungen: „ein liebevoller, wertschätzender Umgang mit sich selbst in Form von

Selbstliebe und Selbstfürsorge, sind wichtige Kompetenzen und die Basis, um Empathie und prosoziales Verhalten zu entwickeln." (S. 56) Wer kennt den Satz nicht: ‚Um andere lieben zu können, musst du erst dich selbst lieben'? Die beiden Autoren gehen sogar so weit zu behaupten, dass die Kinder durch die aktive Selbstliebe automatisch immer mehr Liebe gegenüber den anderen empfinden können (vgl. Jansen & Kunze, 2019, S. 75). Daraus lässt sich schließen, dass man, so wie in vielen anderen Bereichen, auch den wertschätzenden Umgang erst sich selbst entgegenbringen muss, um ihn anschließend anderen Menschen entgegenbringen zu können.

Keysers (2011) widmet ein Kapitel seines Buches den menschlichen Intuitionen und führt dazu an, dass unser Gehirn fremde Handlungen als eigene wahrnimmt und dementsprechend reagiert.

> *Das Spiegelsystem bildet eine Brücke zwischen dem Bewusstsein zweier Menschen und führt uns vor Augen, dass unsere Gehirne zutiefst sozial sind. [...] Wir kommen nicht mit einem Gehirn auf die Welt, das sich ausschließlich mit uns selbst beschäftigt, sondern das in der Lage ist, mit anderen Menschen mitzufühlen. Unser Gehirn ist so strukturiert, dass es sich auf die Menschen um uns her einstimmt.* (S. 77)

Der Mensch hat also neurologisch alle Voraussetzungen für ein soziales Verhalten. In der Schule kommen die Schülerinnen und Schüler in den Genuss, ihre sozialen Kontakte auszubauen und neue Erfahrungen zu sammeln. In der Gemeinschaft einer Klasse gelten, wie in allen anderen Gemeinschaften auch, bestimmte Regeln, die die Zusammenarbeit begünstigen sollen. An diese Regeln haben sich alle Mitglieder zu halten und darauf zu achten, dass sie eingehalten werden. Dadurch entsteht eine gewisse Gruppendynamik, die jeder bzw. jedem Beteiligten das Gefühl einer Zugehörigkeit vermittelt. Innerhalb der Klassengemeinschaft, eingebettet in den Schulalltag, beschreiben Maschke und Stecher (2010) zwei Beziehungsbereiche zwischen den Schülerinnen und Schülern: die *Solidarität* und die *Konkurrenz* (vgl. S. 54). Die Schülerinnen und Schüler weisen demnach einerseits ein zusammenhaltendes Verhalten auf, wenn es beispielsweise um Freundschaften oder gegenseitige Lernhilfen geht und andererseits wird durch Wettbewerbe oder direkte Leistungsvergleiche das Konkurrieren angefacht. Das Verhalten der Kinder ist sehr stark von der konkurrierenden Beziehung geprägt, jedoch betonen Maschke und Stecher (2010) auch, dass sie versuchen „innerhalb dieser strukturell vorgegebenen Konkurrenzsituation [...] solidarisch zu handeln." (S. 58f.) Das ist wichtig, schließlich spielt die „Freude beim Lernen [...] und die ganzheitliche Entwicklung" (Jansen & Kunze, 2019, S. 83) der Kinder eine wesentliche Rolle, wenn es um den Schulerfolg geht.

Zu diesen zwei Bereichen kommt aber noch ein wichtiger Aspekt hinzu: Kinder lernen in der Schule nicht nur inhaltlichen Schulstoff, sondern sie lernen auch, sich innerhalb einer Gruppe gleichaltriger Mädchen und Buben zu bewegen; „sie reagieren als Peers in der Gleichaltrigengruppe, die sich zueinander ins Verhältnis setzen und dabei peereigene soziale Ordnungen schaffen, die kaum an der schulischen orientiert sind." (De Boer, 2009, S. 105) De Boer (2009) erwähnt in diesem Zusammenhang das Agieren der Kinder auf der sogenannten „Peerbühne" (S. 105), wovon selbstverständlich der Unterricht nicht ausgenommen wird, ganz im Gegenteil. „Schulischer Unterricht wird überformt von peerkulturellen Prozessen und umgekehrt." (De Boer, 2009, S. 106) Auswirkungen dieser Peerbeziehungen haben auch Auswirkungen auf die schulischen Leistungen: So kann sich ein Kind besser konzentrieren, wenn es sich in seiner Klasse geborgen und angenommen fühlt, als ein Kind, das von den anderen ausgeschlossen und gemobbt wird. Maschke und Stecher (2010) heben in diesem Fall das Sozialklima hervor, welches, je positiver es ist, Hänseleien und Mobbing entgegenwirken kann. Auch die Beobachtungen der Lehrkräfte, können solche Gemeinheiten im Keim ersticken (vgl. S. 61). Schülerinnen und Schüler probieren in ihrer Entwicklung sämtliche Verhaltensmuster aus und finden so langsam zu inneren Haltungen und Charaktereigenschaften. Die Schule muss daher die Initiative ergreifen, das Sozialverhalten der Kinder mitzuprägen. Hawkins (2018) berichtet dazu sogar von einer Metaanalyse in den USA, bei der Schülerinnen und Schüler, die im sozial-emotionalen Lernen geschult wurden, bessere Leistungen vollbrachten, als Schülerinnen und Schüler, die keine zusätzliche Schulung erhielten. Durch die Schulung konnten deutliche Verbesserungen in Verhaltensweisen erzielt, sowie auch Mobbing reduziert werden (vgl. S. 235). Daraus lässt sich schließen, dass der Klassenfrieden und auch die Leistungen der Kinder von einem guten sozialen Verhalten abhängen, welches die Kinder erst mit der Zeit erlernen müssen, von der Lehrkraft und auch von den Klassenkameradinnen bzw. –kameraden.

Johnson et al. (2002) beschreiben folgende soziale Fertigkeiten, die notwendig sind, um überhaupt erst in der Schule miteinander arbeiten zu können: Die Schülerinnen und Schüler müssen „einander kennen lernen und vertrauen, klar und unmissverständlich miteinander kommunizieren, einander akzeptieren und unterstützen sowie Konflikte konstruktiv [...] lösen." (S. 119) Hawkins (2018) stellt für dieses Gelingen die Rolle der Lehrkraft in den Vordergrund und betont:

Unsere menschliche Physiologie hat so starke soziale und emotionale Grundlagen und das Unterrichten ist eine dermaßen soziale Tätigkeit, dass wir alle einen Nutzen daraus ziehen können, auf unser soziales und emotionales Wachstum und Wohlergehen zu achten. [...] wir können die Gelegenheit feiern, an solch potenziell einflussreichen Lernbeziehungen beteiligt

*zu sein, und uns zudem noch einmal verpflichten, unser Bestes zu geben, um das Wachstum
der Individuen und Gruppen, die wir unterrichten, zu fördern.* (S. 135)

Neben dem alltäglichen Unterricht, in dem der respektvolle Umgang aktiv gelebt werden
sollte, findet die Vermittlung dieser Lehren zusätzlich im sogenannten sozialen Lernen statt.
Dabei handelt es sich um das Aufgreifen und die Verarbeitung „situativer Anlässe" (S. 13),
die Themen wie Gemeinschaft, Streit, Missfallen, Ärger, Trauer oder Angst beinhalten (Götzinger & Kirsch, 2004). Wie Braun und Wetzel (2006) jedoch richtig anmerken, muss der
Zweck „sozialverträgliche[r] Verhaltensweisen wie Höflichkeit, Ordnung, Pünktlichkeit, Sau-
berkeit, Zuverlässigkeit, Disziplin" (S. 106) klar sein, um realisiert werden zu können. Genau
dieser Zweck ist jedoch aufgrund kultureller und ethnischer Unterschiede nicht einheitlich
und „angesichts der Dynamik des sozialen Wandels nicht nur Kindern/Jugendlichen, sondern
mindestens genauso den Erwachsenen unklar geworden." (Braun & Wetzel, 2006, S. 106f.)
Aus diesem Grund steht die Werteerziehung beim sozialen Lernen in Schulen im Vordergrund. Da Werte laut Standop (2005) „erwünschte (End-)Zustände" darstellen, die „für das
Streben eines Individuums, einer Gruppe bzw. einer Gesellschaft charakteristisch" (S. 14)
sind und von Haller und Müller Kmet (2019) auch als „allgemeine Richtlinien in Bezug auf
das, was Menschen für sich selbst und ihre Gesellschaften als richtig und gut erachten" (S.
51) definiert werden, wird klar, dass die Schulen bei der Werteerziehung einerseits die subjektiven Sichtweisen der Kinder, sowie andererseits die gesellschaftlichen Wertorientierungen berücksichtigen müssen. Braun und Wetzel (2006) streichen dabei nochmals den Zusammenhang zwischen Werten und „subjektiven Handlungsgründen" (S. 108) heraus. „Die
Gemeinsamkeiten und die darauf beruhenden sozialen Beziehungen sind das Ergebnis in-
tersubjektiver Konfliktlösungs- und Verständigungsbemühungen und werden von diesen getragen." (Braun & Wetzel, 2006, S. 108) Die Kinder können dadurch die Verhaltensregeln auf
ihr eigenes Leben beziehen und nachhaltig etwas daraus lernen. Soziales Lernen kann in Ein-
zelgesprächen in der Pause oder während des Unterrichts stattfinden. Die Lehrkraft ent-
scheidet, je nach Dringlichkeit und nach Thematik, ob etwas mit der gesamten Klasse besprochen werden sollte, oder ob dem betroffenen Kind durch die alleinige Anteilnahme der
Lehrperson besser geholfen werden kann. Gemeinschaftsbezogene Themen, wie Streit, Mitgefühl oder Wertschätzung können in Einzelstunden der Fächer „Sachunterricht, Religions-
lehre, Deutsch oder musischen Fächern" (Götzinger & Kirsch, 2004, S. 13), aber auch in eigenen Einheiten durchgenommen werden. Die Kinder sollen lernen ihre Befindlichkeiten auszudrücken, damit ihnen in schwierigen Situationen geholfen werden kann und ihre Gefühle
nachvollzogen werden können (vgl. Götzinger & Kirsch, 2004). Auch bei Braun und Wetzel
(2006) ist zu lesen, dass immer wieder ein Austausch über „Bedürfnisse und Wünsche" der
Schülerinnen und Schüler stattfinden soll, „in welchem Maße diese befriedigt werden, wo es

Unzulänglichkeiten, Wiederstände und strukturelle Blockaden gibt, [und] wie diese zu erklären und schrittweise zu überwinden sind." (S. 111) Bei Götzinger und Kirsch (2004) wird der Morgenkreis vorgeschlagen, bei dem Befindlichkeiten der Kinder besprochen und mit Fragen auf ihre Ursachen hin analysiert werden können (vgl. S. 13). Konkrete Situationen geben genauso gute Gesprächsanlässe ab und auch durch Gruppenspiele können Gefühle ausgedrückt und Umgangsformen geübt werden.

2.7 Resümee

Es gibt unzählige Werte, denen im Laufe des Lebens begegnet wird. Das individuelle Werteverständnis hängt stark von den Wertevermittlungen der Gesellschaft ab, welche auch der Orientierung von Pädagoginnen und Pädagogen dienen. Die Schulen sollen die Kinder auf das Leben in der Gesellschaft vorbereiten und ihnen gemeinschaftsfördernde Werte vermitteln. Das Ziel ist der Erhalt und die Stärkung der Gesellschaft. Die unterschiedlichen Vorerfahrungen, die die Kinder mit in den Unterricht bringen, können einerseits gleich zu einem Toleranzlernen genutzt werden, jedoch stellen sie die Lehrkräfte gleichzeitig vor die Herausforderung, einheitliche Werte zu vermitteln. Der Fokus wird deshalb auf Grunderfahrungen gelegt, die jedem Kind zustehen sollten. Kann ein Kind Freude, Wohlbefinden, Freundschaft und Nächstenliebe erfahren, ist das Fundament gesellschaftlicher Wertenormen gelegt. Hat das Wertelehren einen direkten Bezug zu den Kindern und können individuelle Erfahrungen damit verbunden werden, so ist der Aufbau eines nachhaltigen Werteverständnisses möglich. Diese gelehrten Werte orientieren sich an dem demokratischen Gemeinschaftsverständnis und müssen für jedes Kind zielführend sein. Durch ein stetes Vorleben sollen gegenseitige Anerkennung, das Gemeinwohl und die Bedeutung sowie die Rolle der eigenen Persönlichkeit verstanden und praktiziert werden (siehe 2.2 Wertebildung). Der mit Lerninhalten und zu erreichenden Kompetenzen ausreichend gefüllte Lehrplan der Volksschule, weist trotzdem ausdrücklich auf die Bedeutung des sozialen Lernens hin. Das Lernen ist mit der emotionalen Verfassung der Schülerinnen und Schüler eng verbunden, weshalb das Wohlbefinden und die individuellen Lernvoraussetzungen in jedem Fach berücksichtigt werden müssen. Platz für eigene soziale Lernstunden lassen sich vorwiegend im Sachunterricht und im Sportunterricht finden. In den anderen Gegenständen gilt die Berücksichtigung sozialer Aspekte, jedoch sind keine Sozialthemen als Unterrichtsinhalte vorgesehen (siehe 2.3 Wertevermittlung, -erziehung laut Österreichischem Lehrplan für Volksschulen).

Die aus den beiden Wertevermittlungskonzepten entstandenen Modelle stellen unterschiedliche Ansätze dar, wie sich Kinder entsprechende Werte aneignen können. Allerdings herrscht bei den neurologischen Voraussetzungen Uneinigkeit, wann Kinder in der Lage sind,

Werte als solche zu verstehen und sie sich zu Eigen machen zu können (siehe 2.4 Modelle schulischer Werteerziehung). Doch wie bei der allgemeinen Erziehung der Kinder, trägt das Besprechen und Vorleben von Werten zu einer intuitiven Aneignung bei, die dann in späteren Jahren reflektiert und individuell bewertet werden kann. Durch diesen Prozess findet ein stetiges Wertelernen im Leben statt. In der Schule hängt die Werteerziehung vom Unterricht, den Lehrpersonen und der jeweiligen Schulkultur ab.

Die Vermittlung eines respektvollen Umgangs, die Empathiefähigkeit sowie die Vermittlung einer sozialen Kompetenz sind als drei wesentliche Werte herausgenommen worden, welche in der Schule vermittelt werden. Der respektvolle Umgang mit anderen Menschen beinhaltet das Respektieren der Eigenheiten und Angewohnheiten des Gegenübers, ohne dabei die eigene Persönlichkeit zu verlieren (siehe 2.6.1 Vermittlung eines respektvollen Umgangs).

Werden ausreichende Möglichkeiten geboten, sich in andere Menschen hineinzuversetzen, Gemeinsamkeiten zu etablieren und sich gegenseitig zu unterstützen, können Kinder ihre Empathiefähigkeit ausbauen. Gefühle spielen dabei eine große Rolle, was einen Bogen zur Herzensbildung spannen lässt. Die Herzensbildung soll die Rahmenbedingungen für nachhaltiges Lernen verbessern und weist dabei auf die Unterschiede zwischen dem rationalen Denken und Gefühlen hin. Die Auswirkungen von Gefühlen auf den Schulalltag und die individuelle Leistungsstärke sind nicht vom Tisch zu wischen. Durch ihren Bildungsauftrag ist die Schule dazu verpflichtet, die Kinder in ihrer Persönlichkeitsentwicklung zu unterstützen und ihnen Wege anzubieten, um neue Erkenntnisse zu erlangen. Wenn Kinder von klein auf darin begleitet werden, auf ihre Gefühle zu achten und mit ihnen umzugehen, fällt es ihnen leichter, auf die Gefühle anderer einzugehen und sie zu akzeptieren. Dazu ist seitens der Lehrperson eine geeignete Lernatmosphäre zu schaffen, in der sich die Kinder sicher und geborgen fühlen. Die Herzensbildung möchte eine Verbindung zwischen dem Herzen und dem Lernen schaffen, damit die Kinder emotional gestärkt durch das Leben gehen können (siehe 2.6.2 Vermittlung von Empathiefähigkeit).

Durch Gewohnheiten, Stärken, Schwächen, soziale Prägungen und Erfahrungen beeinflusst jeder Mensch sein Umfeld und wird wiederum von ihm beeinflusst. Der Erwerb sozialer Kompetenzen ist für das spätere Leben der Kinder notwendig und ist daher im Unterricht der Volksschule verankert. Der Einfluss sozialer Aspekte auf den Unterricht wird manchmal etwas vergessen bzw. außer Acht gelassen. Dass sich jedoch der Lernerfolg auf Wohlbefinden und Freude zurückführen lässt, sollte jeder Pädagogin bzw. jedem Pädagogen bewusst werden, um vielleicht der Gruppendynamik und Emotionalität der Schülerinnen und Schüler vermehrt Aufmerksamkeit zu schenken. Die Schulzeit prägt das Sozialverhalten der Kinder enorm. Neben den körperlichen Voraussetzungen, die jeder Mensch von Geburt aus mitbringt, um sozial interagieren zu können, tragen Peergroup, Schule und die außerschulische Erziehung zur Entwicklung und Färbung sozialen Verhaltens bei. Das Finden der eigenen Persönlichkeit, das Wirken auf andere und das Erkennen aller Vorteile, die das soziale Interagieren mit sich bringt, sind Teil des sozialen Verhaltens. Das Klassenzimmer bietet die perfekte Umgebung, um Sozialverhalten aufzubauen und zu thematisieren. Achtet die Lehrkraft darauf, dass die Kinder in der Klasse angenommen werden und jede bzw. jeder für sich Wohlbefinden und Selbstliebe empfinden kann, stehen die Chancen gut, dass sie auch in Gruppenaktionen sozialinteragieren können (siehe 2.6.3 Vermittlung einer sozialen Kompetenz). Das Zauberwort für ein gelingendes Sozialverhalten der Schülerinnen und Schüler in der Schule ist für Jansen und Kunze (2019) die Liebe, denn „wer sich selbst liebt, wird auch andere lieben können und einen liebevollen, achtsamen Umgang mit anderen Menschen und der Umwelt pflegen." (S. 21) Diese Aussage könnte fast von dem kleinen Oups selbst stammen, auf dessen Planet „das Größte Gut die Liebe ist." (Hörtenhuber, 2002, S. 3)

3 Das Konzept „Herzensbildung mit Oups"

Den Kernpunkt dieser Masterarbeit bildet die Analyse des pädagogischen Konzepts „Herzensbildung mit Oups". Nach einer kurzen Einführung in die Entstehung des Konzepts, werden die Ziele und Schwerpunkte aufgegriffen.

3.1 Einleitung

„Dass Herzensbildung eine Grundvoraussetzung für das Lernen ist, zeigen uns die Kinder in der täglichen Praxis." (Stöckler & Hörtenhuber, *BH*, 2016, S. 2) „Der Begriff Herzensbildung macht deutlich, dass die Wissensmenge nicht das ausschließliche Gütekriterium für einen gebildeten Menschen ist, sondern dass er darüber hinaus Schlüsselqualifikationen aus dem Reich des Herzens, der Emotionalität und der Menschenkenntnis braucht." (Liebertz, 2004, S. 7)

Diese beiden Zitate wollen eine Sache ganz klar ausdrücken: Herzensbildung ist wichtig und muss gelehrt werden. Während Liebertz den Begriff auseinandernimmt und seine Bedeutung klarstellt, halten Stöckler & Hörtenhuber seine Relevanz in der Schulpraxis fest. Die beiden Aussagen lassen sich gut miteinander kombinieren: So stellt die Herzensbildung (siehe 2.6.2 Vermittlung von Empathiefähigkeit) in der Schule eine Notwendigkeit dar, um aus den Kindern ganzheitlich gebildete Menschen zu machen. Ein freudvolles, liebevolles und rücksichtsvolles Lernen ist jedoch nicht immer so einfach in der Praxis zu ermöglichen. Privater Stress, Tagesverfassung oder Zeitnot sind nur ein Teil von div. Herausforderungen, denen Lehrpersonen, Schülerinnen und Schüler täglich begegnen. Mit der Kunstfigur Oups, welcher als Außerirdischer keinen Bezug zu den irdischen Verpflichtungen und Gewohnheiten der Menschen hat, sollen jene Herausforderungen thematisiert und gelöst werden. Das Erinnern an einen liebevollen Umgang miteinander sowie der Aufbau von Selbstbewusstsein wird angestrebt. Die Kinder sollen durch die Oups-Puppe und/oder die besprochenen Ansichten zum Nachdenken angeregt werden und dadurch den Vorteilen von Wertevermittlung, sozialem Lernen und Herzensbildung begegnen.

3.2 Vorstellung und Beschreibung des pädagogischen Konzepts

Bei Oups handelt es sich um eine männliche Kunstfigur. Er sieht zwar fast so aus wie ein Mensch – mit zwei Armen, zwei Beinen, einem Kopf mit zwei Augen und einer Nase, und einem Körper –, jedoch ist bei einer genaueren Betrachtung unverkennbar, dass es sich bei diesem Geschöpf keinesfalls um einen Menschen handeln kann. Die Form seines Kopfes ist oval und weist ein einzelnes, langes, gekräuseltes Haar auf. Obwohl er neben den beiden Augen und der kleinen Knopfnase keinen sichtbaren Mund hat, ist seine zentrale Aufgabe, die Vermittlung von Botschaften. Ein dünner Hals führt zum sackähnlichen Körper, der in einer schemenhaften Dreiecksform bis zu den Füßen verläuft. Diese stecken in großen Schuhen und auch die Hände scheinen in gelben Handschuhen versteckt zu sein, die an langen dünnen Armen hängen. Ob es sich jedoch bei den Schuhen und Handschuhen wirklich um solche handelt, oder ob einfach seine Füße und Hände diese spezielle Form aufweisen, ist nicht klar. Ursprünglich ist Oups eine gezeichnete Figur. Illustriert von Conny Wolf und durch die Geschichten von Autor Kurt Hörtenhuber, wird der kleine Oups, vom Planeten der Herzen, zum Leben erweckt.

Abbildung 1: OUPS Buch – Planeten der Herzen

Tag für Tag beobachtete Oups von seinem Stern aus die Menschen auf der Erde. Und immer wieder, wenn er durch sein Fernglas zur Erde blickte, stimmte ihn das traurig. Er musste mit ansehen, wie sich auf der Erde mehr und mehr Unzufriedenheit ausbreitete. „Warum hetzen die da unten so? Warum streiten diese Menschen so viel?" fragte er sich bei jedem Blick durchs Fernrohr. „Das ist doch so ein schöner Planet, mit allem, was man sich nur wünschen kann." Oups konnte nicht verstehen, weshalb die Menschen ganz anders leben als die Bewohner auf seinem Stern – dem „Planeten der Herzen", auf dem das größte Gut die Liebe ist. Streit, Neid und Missgunst kennt man da oben nicht. Ganz im Gegenteil. Den anderen Freude zu machen ist das größte Glück dieser freundlichen Bewohner. Alle sind Freunde und helfen einander. Traurigkeit haben diese herzlichen Wesen dort oben nie kennengelernt. Nur der kleine Oups, der sich ein Fernrohr gebastelt hatte, mit dem er bis zur Erde blicken konnte. Weil er wissen wollte, wonach die Menschen auf der Erde hektisch herhetzen, warum sie sich das Leben so schwer machen und gar Kriege führen, beschloss er zur Erde zu fliegen. „Ich werde ihnen von unserem Stern erzählen und zwei Geschenke mitbringen: die Liebe und die

> *Freude", sagte er zu seinen Freunden. „Die werden sich freuen, die Menschen", dachte Oups, holte seinen Herzballon und machte sich auf den Weg zur Erde ...* (Hörtenhuber, 2002, S. 5-7)

So beginnt die Geschichte vom Herzensbotschafter Oups, der in Folge sehr viele Male zur Erde reist, Freundschaften schließt und mit seinen Worten und Taten die Herzen der Menschen gewinnt. Um die Figur Oups gibt es eine ganze Reihe von Geschichten, die von Autor Kurt Hörtenhuber geschrieben wurden und unterschiedliche Themen-Schwerpunkte beinhalten. Seit das erste Buch 2002 erschien, wurden sukzessive neue Bücher geschrieben und veröffentlicht. Beim Verfassen der Geschichten, war dem Autor (persönliche Kommunikation, 29. Oktober 2020) ganz besonders wichtig, die Sprache der Texte so einfach wie möglich zu halten. Die Botschaften sollten auch für Kinder verständlich sein, obwohl die Texte ursprünglich für Erwachsene gedacht waren und diese zum Nachdenken über das eigene Leben anregen sollten. Es geht um die kleinen Freuden des Lebens und darum, alle Menschen an diese zu erinnern. Durch die bunten Illustrationen wurden mit der Zeit immer mehr Menschen, unter anderen auch Pädagoginnen und Pädagogen, auf die Geschichten aufmerksam und begannen, Oups in Kindergärten, Kindertageseinrichtungen oder Schulen einzubringen. Grundsätzlich sind die Bücher so aufgebaut, dass auf der einen Seite einer Doppelseite, die Geschichte erzählt bzw. fortgesetzt wird, während auf der anderen Seite ein Bild mit einem Spruch abgebildet ist. Das Bild mit dem Spruch stimmt mit dem Text auf der gegenüberliegenden Seite überein und bringt die Aussage der jeweiligen Passage auf den Punkt.

Im Kapitel 2.4 *Modelle schulischer Werteerziehung* wurden gängige Schulkonzepte drei Bereichen zugeteilt, welche als Makrokonzepte beschrieben wurden. Das vorliegende pädagogische Konzept „Herzensbildung mit Oups" kann aber als solches nicht einem der drei genannten Bereiche zugeordnet werden. Vielmehr handelt es sich dabei um ein Klassenkonzept, welches die Kinder „zu innerer Stärke, Empathie und sozialer Kompetenz begleiten" (Stöckler & Hörtenhuber, *BH*, 2016, S. 2) möchte. Autorin und Konzeptentwicklerin Stöckler gibt das soziale Lernen als Grundlage des Konzepts an und Autor Kurt Hörtenhuber verweist auf die Vermittlung positiver Werte (vgl. Stöckler & Hörtenhuber, *BH*, 2016, S. 1f.).

Wie Hackl (2011) festhält, handelt es sich bei Werten um „wünschenswerte Grundhaltungen mit erstrebenswertem Ziel und Orientierungsfunktion" (S. 19). Da die Ziele des pädagogischen Konzepts „Herzensbildung mit Oups" unter anderem den Umgang mit Gefühlen, den Umgang miteinander, das gegenseitige Helfen und das freudvolle Lernen beinhalten, kann es als pädagogisches Konzept beschrieben werden, welches die Wertevermittlung im Zentrum hat (vgl. Stöckler & Hörtenhuber, *BH*, 2016, S. 2). Auch die Definition von Werten nach Haller und Müller Kmet (2019), Werte würden Orientierungen auf das individuelle Verhalten und die Beziehungen zwischen Menschen untereinander, sowie zwischen Mensch und Natur geben, lässt diese Schlussfolgerung zu (vgl. S. 51). Stöckler beschreibt, mit ihrem Konzept von dem eigenen ICH zum WIR gelangen zu wollen und beleuchtet mit der „Herzensbildung mit Oups" anschließend auch Themen zu einem respektvollen Umgang gegenüber der Natur (persönliche Kommunikation, 4. November 2020).

Das Konzept „Herzensbildung mit Oups" kann auch einem der beiden Wertevermittlungskonzepte (siehe 2.4 Modelle schulischer Werteerziehung) nicht eindeutig zugeordnet werden, jedoch hat es mehr Tendenz zu dem sogenannten *formalen Wertevermittlungskonzept*. In den Zielen des pädagogischen Konzepts, wird der Fokus verstärkt auf das Entdecken gelegt:

> *Gemeinsam mit Oups lernen die Kinder …*
>
> *… ihre Gefühle wahrzunehmen und damit umzugehen.*
>
> *… die Einzigartigkeit eines jeden Menschen zu erkennen und schätzen zu lernen.*
>
> *… die Freude am Lernen zu entdecken.*
>
> *… ihre individuellen Talente zu entdecken und vieles mehr.* (Stöckler & Hörtenhuber, *BH*, 2016, S. 2)

Diese Ziele können der „Förderung der Entscheidungsfähigkeit", der „moralische[n] Wertungsklarheit" und der „moralische[n] Urteilsfähigkeit" (S.20) zugeordnet werden, die Hackl (2011) der *formalen Wertevermittlung* zuschreibt. Da das Konzept jedoch auch Ziele enthält, bei denen die Kinder lernen sollen Streit zu vermeiden oder wie sie sich gegenseitig helfen können, sind auch Eigenschaften der sogenannten *materialen Wertevermittlung* mit dabei.

Beleuchtet man das pädagogische Konzept schließlich im Hinblick auf die genannten drei Modelle (siehe 2.4 Modelle schulischer Werteerziehung), so muss festgehalten werden, dass es sich am ehesten um ein *technologisches Modell* handelt. Zwar wird im Vorwort des Begleitheftes (2016) vermerkt, die Kinder „auf dem Weg zu innerer Stärke, Empathie und sozialer Kompetenz" (S. 2) zu begleiten, was auf das *romantische Modell* hinweist, jedoch baut das gesamte Konzept auf den Lehren und Sichtweisen des Außerirdischen Oups auf. Oups „unterstützt uns beim Lösen von Konflikten und wenn es in der Klasse laut ist, wünscht er sich wieder die nötige Ruhe und erinnert die Kinder an eine gute Arbeitsweise." (Stöckler & Hörtenhuber, *BH*, 2016, S. 3) Dieses Statement von Konzeptentwicklerin Stöckler lässt eindeutig auf ein *technologisches Modell* der Werteerziehung schließen, bei dem Oups als Vorbild fungiert und mit den Kindern gemeinsam übt und daran arbeitet, dass seine Botschaften bzw. Wertorientierungen von den Kindern umgesetzt werden können.

Die Entstehung des pädagogischen Konzepts „Herzensbildung mit Oups" ist auf die erzielten Erfolge gemeinschaftsfördernder Gespräche und Übungen zurückzuführen, die Stöckler mit der Methode des Sitzkreises (siehe 2.5.1.1) durchgeführt hat, um eine Beziehung zu den Kindern aufzubauen und sie von dem eigenen ICH zu einem gemeinschaftlichen WIR zu führen (persönliche Kommunikation, 4. November 2020). So wie Autorin Liebertz (2004) beschreibt, dass man nur von sich auf andere schließen kann und erst lernen muss, seine eigenen Gefühle wahrzunehmen und situationsbedingt zu regulieren, um ein Verständnis für die Gefühle anderer zu bekommen, so hat Stöckler ihre Übungen in den regelmäßigen Sitzkreisen (siehe 2.5.1.1) umgesetzt und große Erfolge erzielt (vgl. S. 63f.). Ähnliche Erkenntnisse erlangt man bei der Auseinandersetzung mit den sogenannten „Soft Skills", bei denen es sich um Fertigkeiten handelt, die notwendig sind, um sich entsprechend verhalten zu können. Sozialkompetenz, Kommunikationskompetenz und Kooperationskompetenz sind Voraussetzungen für das Erlernen dieser Fertigkeiten (vgl. Bönsch, 2012, S.19). Bönsch spricht auch von der vorgehenden „Entwicklung eines starken Ichs, das sich immer aber auch am Du orientiert" (2012, S. 19). „Der Mensch braucht für den Aufbau eines unverwechselbaren Ich einen Kern von Selbstverständnis, das ihn gewissermaßen ‚wetterunabhängig' macht, damit ihn belastende Fremdeinschätzungen nicht umwerfen" (Bönsch, 2012, S. 20). Damit bestätigt Bönsch die Theorie von Liebertz und die Überlegungen von Stöckler, dass dem gemeinschaftlichen Wir ein Erkennen und Annehmen des Ichs vorhergehen muss. Die beschriebene „Kommunikationskompetenz" von Bönsch zeigt Bausteine auf, die ein soziales Verhalten erlernbar machen, soweit eine umfassende Sozialkompetenz aufgebaut wurde. Betrachtet man diese Bausteine in ihrer aufsteigenden Struktur, so zeichnet sich ganz deutlich ein wachsender Prozess sozialer Kompetenz ab, der so auch beim pädagogischen Konzept „Herzensbildung mit Oups" berücksichtigt wird. „1. Baustein: Toleranz, Empathie; 2. Baustein: Erkennen und Ausdrücken von Gefühlen; 3. Baustein: Selbstkontrolle, Selbstbestätigung; 4. Baustein: Kommunizieren mit anderen; 5. Baustein: Zuhören, sich auf jemanden einlassen; 6.Baustein: Kooperative Konfliktbewältigung; 7. Baustein: Streit schlichten lernen; 8. Baustein: Konsensfindung" (Bönsch, 2012, S. 24).

Stöckler hat Oups in Form von Herzensübungen in ihre Klasse gebracht. In 21 illustrierten Spielkarten wurden Übungen gezeigt, die alleine, zu zweit oder in Gruppen durchgeführt werden konnten.

Abbildung 2: Herzensübungen mit Oups

Abbildung 3: Herzensübungen

Abbildung 4: Herzensrituale

Bei diesen Übungen konnten über Jahre hinweg große Erfolge im sozialen Miteinander festgestellt werden, woraufhin sich Stöckler dazu entschloss, ein Konzept mit Herzensübungen mit Oups zusammenzustellen, welches Pädagoginnen und Pädagogen als Leitfaden dienen kann. Die Auserwählung des Herzensbotschafters Oups beschreibt Stöckler so, dass der WerteART Verlag, von dem Oups verlegt wird, mit seinen Botschaften so gut zu der ganzen Thematik des friedvollen Miteinanders passte und die Erfolge mit den Herzensübungen in allen Schulstufen der Volksschule ersichtlich waren. Diese Idee entwickelte sich von da an immer weiter und etablierte sich schlussendlich in einem Arbeitsheft für die Grundschule, sowie in einem Begleitheft, welches die Lehrpersonen unterstützen und über die Hintergründe der einzelnen Übungen aufklären sollte (persönliche Kommunikation, 4. November 2020).

Als Ziele des Konzepts, werden folgende Punkte angeführt:

Gemeinsam mit Oups lernen die Kinder …

… die Herzen zu öffnen, für sich selbst und andere.

… ihre Gefühle wahrzunehmen und damit umzugehen.

… sich gegenseitig zu achten und zu respektieren.

… Liebe und Frieden zu verbreiten.

… die Einzigartigkeit eines jeden Menschen zu erkennen und schätzen zu lernen.

… einander zu helfen und um Hilfe zu bitten.

… sich als Teil der Gemeinschaft wohl zu fühlen und sich einzubringen.

… sich für mehr miteinander statt gegeneinander einzusetzen.

… die Freude am Lernen zu entdecken.

… Schwächere zu unterstützen.

… Verständnis für die Ängste und Sorgen anderer zu zeigen.

… Streit und Konflikte gewaltfrei zu lösen.

… verzeihen zu können.

… ihre individuellen Talente zu entdecken und vieles mehr.

(Stöckler & Hörtenhuber, *BH*, 2016, S. 2)

Die Kinder sollen anhand der ausgearbeiteten Unterrichtseinheiten zu jenen Zielen herange-führt werden. Um diese Ziele zu erreichen werden Schwerpunktsetzungen vorgenommen, die im nachfolgenden Kapitel genauer betrachtet werden.

3.3 Schwerpunktsetzungen im Rahmen des Konzepts

Das ausgearbeitete Arbeitsbuch „Herzensbildung mit Oups" umfasst 31 Unterrichtseinhei-ten, die die Kinder zu „innerer Stärke, Empathie und sozialer Kompetenz" befähigen möch-ten (Stöckler & Hörtenhuber, *BH*, 2016, S. 2). Bis auf die erste Unterrichtseinheit, in der Oups den Kindern vorgestellt wird, beleuchten die Einheiten entweder das Individuum – ICH –, die Gemeinschaft – WIR – oder sie lassen das Individuum von sich auf die Gemeinschaft schlie-ßen – ICH → WIR –. Jede Einheit kann einem dieser drei Bereiche zugeordnet werden, was mit folgender Tabelle veranschaulicht wird:

ICH	WIR	ICH → WIR
Das bin ich	Das sind wir	So viele Schätze – Jeder ist ein-zigartig
Ich und meine Familie	Unser Herzplanet	Wir halten Ordnung
Meine Schatzkiste – Ich bin ein-zigartig	Unsere Klassenregeln	Oups und seine Friedenswerk-zeuge
Ich und mein Gartenzaun	Unsere Klassendienste	Ich und meine Gefühle
Sonnenstrahlen für mein Herz	Unser Klassenvertrag	Ich sag' danke … in der Schule
Heute konnte ich helfen	Unsere Regenbogendusche	Oups liebt Bäume, du auch?
Ich sag' danke … zu Hause	Ich verschenke Sonnenstrahlen	
Was ich noch lernen möchte	Wir helfen einander	
Mein Ort der Geborgenheit	Meine Geburtstagsdusche	
Mein Krafttier	Wir alle sind Gäste auf Erden	
Mein Schutzmantel		
Mein Brief an Oups		
Ich mag dich, weil		

Mein Herzenswunsch		

Tabelle 1: Drei Bereiche der Unterrichtseinheiten

Thematisch sind folgende sieben Schwerpunkte herauszustreichen, wobei nicht alle Einheiten einen solchen Schwerpunkt beinhalten:

Stärken	Konflikte	Gefühle	Helfen	Wertschätzung	Ziele	Umwelt
Meine Schatzkiste - Ich bin einzigartig	Oups und seine Friedenswerkzeuge	Ich und meine Gefühle	Wir helfen einander	Ich sag' danke ... zu Hause	Was ich noch lernen möchte	Oups liebt Bäume, du auch?
So viele Schätze - Jeder ist einzigartig	Ich und mein Gartenzaun	Sonnenstrahlen für mein Herz	Heute konnte ich helfen	Ich sag' danke ... in der Schule		Wir alle sind Gäste auf Erden
		Unsere Regenbogendusche	Mein Brief an Oups			
		Ich verschenke Sonnenstrahlen				
		Mein Ort der Geborgenheit				
		Mein Krafttier				
		Mein Schutzmantel				
		Mein Brief an Oups				
		Ich mag dich, weil				
		Mein Her-				

		zenswunsch				

Tabelle 2: Thematische Schwerpunkte der Unterrichtseinheiten

In den folgenden Unterkapiteln werden jene Schwerpunkte genauer betrachtet.

3.3.1 Vermittlung von innerer Stärke

Zwei Unterrichtseinheiten des pädagogischen Konzepts „Herzensbildung mit Oups" thematisieren die persönlichen Stärken. In der Einheit „Meine Schatzkiste - Ich bin einzigartig" entdecken die Kinder ihre ganz besonderen Talente und schreiben bzw. zeichnen diese in ihre Schatzkiste. Die Einheit „So viele Schätze – Jeder ist einzigartig" bringt die verschiedenen Stärken der Kinder zusammen und zeigt die Vielfalt an Klassenschätzen auf (vgl. Stöckler & Hörtenhuber, *BH*, 2016, S. 7). Eine ähnliche Übung lässt sich auch bei Portmann (2009) finden, wenn gleich diese bei ihrer Übung einzelne Fähigkeiten bzw. Schätze vorliest und die Kinder raten lässt, um welches Kind der Klasse es sich handeln könnte (vgl. S. 10). All diese Übungen haben ein Ziel: den Fokus der Kinder auf ihre Stärken zu richten und diese auch bei ihren Klassenkolleginnen und –kollegen wahrzunehmen. So wie Liebertz (2004) auffordert, auf die Stärken des Kindes zu achten, um sein Selbstbewusstsein zu stärken und es psychisch widerstandsfähiger zu machen (vgl. S. 69), so hält auch Barysch (2016) fest, dass das Befassen mit Stärken die Lebensqualität steigert (vgl. S. 205). Ist sich das Kind seiner Stärken bewusst, kann der „handlungsleitende Wert" (S. 209) der Selbstwirksamkeit ausgebaut werden (Barysch, 2016). Das Konzept enthält also, als einen seiner Schwerpunkte, die Fokussierung auf innere Stärken, damit die Kinder fähig sind, in herausfordernden Situationen überlegt und mit Hilfe ihrer Stärken zu handeln.

3.3.2 Vermittlung von Konfliktfähigkeit

Konflikte treten überall dort auf, wo Menschen zusammentreffen, die unterschiedlicher Ansichten sind. Es muss dabei aber nicht immer zur Eskalation kommen. Wenn Kinder davor bewahrt werden, Frust in sich aufzunehmen und irgendwann los zu lassen, können Wutausbrüche vermindert und bestenfalls verhindert werden. Die Lehrpersonen spielen dabei eine Schlüsselrolle, da sie in der Schule traditionell die uneingeschränkte Position haben, „Streitigkeiten zu regeln, Verhalten (besonders Fehlverhalten) zu bewerten und als Kontrollinstanz zu entscheiden" (Götzinger & Kirsch, 2004, S. 9). Dem hingegen berichten Braun & Wetzel (2006), dass trotz der hohen Bedeutung von pädagogischer Begegnung zwischen Kind und Pädagogin bzw. Pädagoge, Kinder bei „Problemverdichtungen und kritischen Zuspitzungen" (S. 39) sehr oft mit anderen Personen – so genannten Spezialisten – betraut werden. Wenn es also kritisch wird, werden scheinbar zu oft Experten geholt, die sich mit diesen Problematiken besser auskennen. Die Kinder können dadurch aber kein ernsthaftes Vertrauen zu ihren Lehrkräften aufbauen. Viel mehr wiegen sie verstärkt ab, mit welchen Anliegen und Problemen sie ihre Lehrkörper maximal konfrontieren können, um nicht gleich an dritte Personen weitervermittelt zu werden oder das Gespräch am Nachmittag mit der Lehrkraft und den dazu geholten Eltern zu führen. „Dieses Dilemma kann dadurch überwunden werden, dass von allen in der Schule pädagogisch Tätigen *aktive* und *belastbare Vertrauensverhältnisse* – auch zwischen den Geschlechtern – aufgebaut werden, in denen Verstehen und Helfen sich alltagspraktisch und selbstverständlich wechselseitig bedingen und aufeinander verweisen." (Braun & Wetzel, 2006, S. 40) Es beginnt also damit, den Kindern Möglichkeiten anzubieten, über Ängste, Ärger und andere Emotionen zu sprechen und das sowohl mit Lehrpersonen als auch mit Mitschülerinnen bzw. Mitschülern. Das pädagogische Konzept „Herzensbildung mit Oups" thematisiert die Vermeidung von Konflikten durch so genannte „Friedenswerkzeuge" (Stöckler & Hörtenhuber, *BH*, 2016, S. 20f.). Mit diesen Hilfen können Kinder ihre Konflikte friedlich miteinander aushandeln bzw. sollten Uneinigkeiten erst gar nicht zu großen Konflikten werden. Die Einheit „Ich und mein Gartenzaun" dient zur Konfliktvermeidung und hat auch Gewaltpräventionscharakter. Auf der Webseite des österreichischen Zentrums für Kriminalprävention (Österreichisches Zentrum für Kriminalprävention, o. J., o. A.) wird angemerkt, dass „schon die Kleinen wissen, was ihnen gehört. [...] Dass sie Besitzansprüche auf ihren Körper haben, wird Kindern nur sehr selten beigebracht. [...] Und gerade im nahen sozialen Umfeld verschwimmen die Grenzen zwischen Zärtlichkeit und Missbrauch sehr langsam." Der *Gartenzaun* stellt die persönliche Schutzzone dar, „die alles Böse, Schlechte und Angstmachende vom Herzen fernhalten soll." (Stöckler & Hörtenhuber, *BH*, 2016, S. 25)

3.3.3 Vermittlung der Fähigkeit mit Gefühlen umzugehen

Der am meisten vertretene Schwerpunkt, ist der Fokus auf die Gefühle. Das ist insofern nicht verwunderlich, da laut Liebertz (2004) Gefühle essentielle Beeinflusser der Lernfähigkeit sind.

> *Bei hohem Adrenalinausstoß produzieren wir Kortisol, einen Botenstoff der unser Erinnerungs- und Lernvermögen stark einschränkt. Verbinden wir jedoch Lernen mit freudigen Gefühlen, dann entstehen Botenstoffe wie Dopamin, Interferon und Interleukine. Sie helfen uns, das neuronale Netzwerk auszubauen und zu stabilisieren, unser Denken und Erinnern zu optimieren. (S. 35)*

Auch Maschke & Stecher (2010, S. 91 zit. nach Schmitz & Wiese, 1999) halten fest: „Je positiver die lernbezogenen Erfahrungen und Gefühle, desto stärker sind intrinsische Lernmotivationen und Lernfreude ausgeprägt, desto häufiger werden zielführende Lernstrategien angewandt und desto erfolgreicher verläuft der Lernprozess". Lehrpersonen müssen ihren Unterricht also so gestalten, dass die Kinder den Lerninhalten mit positiven Gefühlen begegnen können. Die Einheit „Ich und meine Gefühle" lässt die Kinder ihre eigenen Gefühle wahrnehmen und gegenseitige Gefühlsunterschiede feststellen. „Durch den Austausch mit den anderen Kindern entwickeln sie Mitgefühl auch für die Gefühle ihrer Mitmenschen" (Stöckler & Hörtenhuber, 2006, S. 26). Zu dem gleichen Schluss kommt auch Bönsch (2012), der beschreibt, dass ein Mensch sein Selbstwertgefühl „nur im Spiegel der Fremdeinschätzungen gewinnen kann" (S. 29) und dass die Qualität zwischenmenschlicher Beziehung darauf zurückzuführen ist, wie sehr man Zuwendung und Aufmerksamkeit erfahren hat. Gemachte Erfahrungen prägen also die zwischenmenschlichen Beziehungen und diese Interaktionen bestärken den Selbstwert und suggerieren eine intensivere Ausprägung von Mitgefühl. Dabei sprechen Jansen und Kunze (2019) von Mitgefühl, als dem „Schlüssel zum Erfolg [...] um andere Menschen mit allem was sie mitbringen, zu verstehen" (S. 30). Mitgefühl kann somit als wichtigster Wert für Toleranz und Respekt gesehen werden. Die intensive Auseinandersetzung mit Gefühlen begünstigt auch die Ausprägung der Werte „Nächstenliebe" (Kohlmann, 2016, S. 118f.) und „Selbstwert" (Jünemann, 2016, S. 194). Gefühlseinheiten wie „Unsere Regenbogendusche" (Stöckler & Hörtenhuber, 2006, S. 28) eignen sich gut als Rituale, die dazu dienen, „Neulinge zu integrieren, [...], Trauernden Halt zu geben, [...], Respekt zu bezeugen, Konflikte zu regeln, Solidarität herzustellen, Ängste zu bannen, Dank zu bekunden" (Steuten, 2011, S. 160) und vieles mehr. Gefühle in unterschiedlichen Ausprägungen spielen dabei eine große Rolle. „Die Regenbogendusche wäscht alles Traurige, alle Wut, alle Angst und Zweifel weg." (Stöckler & Hörtenhuber, *BH*, 2016, S. 28) Ist erst mal alle Angst und Wut von den Kindern gewichen, so können sie ihre Aufmerksamkeit auf die schönen und fröhlichen Dinge richten. Bei Einheiten wie „Ich verschenke Sonnenstrahlen" (Stöckler & Hörtenhuber, *BH*, 2016, S. 29) lernen die Kinder, dass Gefühle ins Positive verändert werden können, wozu Empathie benötigt wird. Sie wird von Liebertz (2004) als „Kern unseres Menschseins [und] unseres Moralempfindens" (S. 115) beschrieben und von Funk (2016) als Wert angeführt, „auf dessen Rückbesinnung wesentlich mehr Augenmerk gelegt werden sollte." (S. 54) In Einheiten wie „Mein Ort der Geborgenheit" (S. 38), „Mein Krafttier" (S. 39) oder „Mein Schutzmantel" (Stöckler & Hörtenhuber, *BH*, 2016, S. 40) werden Gefühle mit Hilfe von Fantasiereisen (siehe 2.5.1.2 Fantasiereise) „in das Unterrichtsgeschehen eingebaut" (Mattes, 2011, S. 118), um zur Entspannung und Ruhe zu verhelfen bzw. um neue Kraft zu tanken. Negative Gefühle wie Angst, Wut und Trauer sitzen oft sehr tief und eignen sich nicht als Gesprächsbasis im Plenum. Damit der Unterricht nicht zur „Peerbühne" (S. 105) wird, bei der es nur um die eigene Performance in Anwesenheit der Gleichaltrigen geht, sondern Kinder sich auch über persönliche Ängste und Anliegen offen äußern können, gehört nicht jeder Anlass mit der gesamten Klasse beredet (Boer & Deckert-Peaceman, 2009). Der „Brief an Oups"

(Stöckler & Hörtenhuber, *BH*, 2016, S. 41) bietet Kindern die Möglichkeit, einen ruhigen Ort aufzusuchen, sich Stift und Zettel zu nehmen und alles aufzuschreiben, was nicht laut ausgesprochen werden kann. Dieser Prozess kann schon viel zur Problemverarbeitung beitragen und entlastet die Kinder. Die Unterrichtseinheit „Mein Herzenswunsch" (Stöckler & Hörtenhuber, *BH*, 2016, S. 46) lenkt den Blick der Kinder auf Grundbedürfnisse und innere Anliegen, wobei wieder die Empathie und das bewusste Ergründen des eigenen Herzens im Mittelpunkt stehen.

3.3.4 Vermittlung von Hilfsbereitschaft

Die Unterrichtseinheiten „Wir helfen einander" (S. 30), „Heute konnte ich helfen" (S. 31) und „Mein Brief an Oups" (Stöckler & Hörtenhuber, *BH*, 2016, S. 41) thematisieren das gegenseitige Helfen bzw. an wen sich die Kinder wenden können, wenn sie Hilfe benötigen. Einander zu helfen stärkt eine Gemeinschaft und beruht auf der win-win-Strategie, bei der sowohl Sender als auch Empfänger profitieren. Der Empfänger erhält die benötigte Hilfe und der Sender erhält die Dankbarkeit des Empfängers. Dass positive Erfahrungen wie Anerkennung oder kleine Belohnungen das Lernvermögen der Kinder begünstigen und motivierend auf sie wirken, wurde im vorhergegangenen Kapitel schon angeführt und trifft auch beim Helfen zu. Der ethische Wert *Nächstenliebe* rückt dabei in den Vordergrund. Es geht dabei um die Hilfsbereitschaft und Wertschätzung gegenüber Personen, die nicht zum engsten Freundeskreis zählen. Das gegenseitige Helfen führt im Alltag zu einer gesunden Psyche und auch im späteren Arbeitsleben der Kinder wird ein positives Arbeitsklima durch gegenseitige Hilfestellungen und *Nächstenliebe* gefördert (vgl. Kohlmann, 2016, S. 119f.). Dies bestätigt Dallwitz-Wegner (2016), der anführt, „dass Maßnahmen zur Förderung von Offenheit und positiver Kommunikation zu stabileren, kreativeren und leistungsfähigeren Teams führen." (S. 34)

3.3.5 Vermittlung von Wertschätzung

Wertschätzung spielt eine wichtige Rolle bei der Entwicklung von Kindern und trägt Wesentliches zu einem Vertrauensaufbau bei.

> *Im Trubel des Alltags kommen Dankbarkeit, Achtsamkeit und Wertschätzung gegenüber unseren Mitmenschen manchmal zu kurz. So geschieht es, dass wir unsere Liebsten als selbstverständlich wahrnehmen und nicht mehr so recht wertschätzen und achten, was sie für uns tun und bedeuten.* (Stöckler & Hörtenhuber, *BH*, 2016, S. 32)

Die Einheiten „Ich sag' danke … zu Hause" (S. 32) und „Ich sag' danke … in der Schule" (Stöckler & Hörtenhuber, *BH*, 2016, S. 33) rücken die „Dankbarkeit als Zustand" (Zygar und Angus, 2016, S. 39) in das Bewusstsein der Kinder, also das bewusste Wahrnehmen von

Dankbarkeitsgefühlen. Wird diese Dankbarkeit ausgedrückt, so bewirkt sie beim Gegenüber und auch bei sich selbst positive Gefühle, die wiederum zu Kreativität und Leistungsstärke führen. Dallwitz-Wegner (2016) führt dazu das 3:1 Verhältnis positiver zu negativer Emotion an. Die in den letzten Stunden empfundenen positiven Emotionen sollten die negativen um das Dreifache überdecken, um nachhaltig von positiven Gefühlen sprechen zu können (vgl. S. 60f.). Es ist naheliegend, dass die gegenseitigen Wertschätzungen und das bewusste Ausdrücken von Dankbarkeit die Häufigkeit an positiven Emotionen beträchtlich beeinflussen können. „Nach Salacuse (2005) ist Respekt die Kommunikation von Gleichheit, Wertschätzung und aufrichtigem Interesse." (zit. nach Lindner, 2016, S. 168) Wertschätzung ist demnach eine Form von anerkennendem Respekt, welcher „sich auf die Wertschätzung einer Person und die Achtung ihrer Würde bezieht." (Lindner, 2016, S. 169) Zusammengefasst kann festgehalten werden, dass Wertschätzung dem Gegenüber Respekt ausdrückt und darüber hinaus zu mehr positiven Gefühlen und in weiterer Folge zu effektiveren Leistungen führt.

3.3.6 Vermittlung der Fähigkeit eigene Ziele zu setzen

Dallwitz-Wegner (2016) gibt folgenden Rat zum glücklicher werden: „Erreichen Sie gemeinsam mit anderen sinnvolle Ziele und haben Sie Spaß dabei." (S. 54) Er bezieht sich dabei auf den PERMA-Ansatz, der das subjektive Wohlbefinden steigert: „Positive Emotionen, Engagement, Relationships [...], Meaning [...], Accomplishment [...]" (S. 54). Ziele, die im Sinne der Schulen zu erreichen sind, werden jedoch von Schülerinnen und Schülern nicht immer als sinnvoll erachtet. Darum ist es wichtig, dass Schulen neben sachbezogenen Inhalten auch die Herangehensweisen an Aufgabenstellungen, sowie Strategien zu deren Problemlösungen vermitteln. Bei der Problemlösung ist es wichtig, dass Kinder zum eigenständigen Nachdenken angeregt werden, da so ihre Selbstständigkeit gefördert wird. Werden die Schülerinnen und Schüler von den Lehrkörpern zu sehr behütet, verfallen sie immer mehr in „Abhängigkeiten und Unselbstständigkeiten" (Bönsch, 2012, S. 33). „Die Herausforderungen mögen erst einmal klein bemessen sein [...]. Sie sind dann zu steigern" (S. 33) schreibt Bönsch (2012) bei der Entwicklung zur Selbstständigkeit. Die Einheit „Was ich noch lernen möchte" (Stöckler & Hörtenhuber, *BH*, 2016, S. 34f.) führt die Kinder zu diesem selbstständigen Zielesetzen und dem Festlegen nächster Schritte.

3.3.7 Vermittlung eines Umweltbewusstseins

In der Einheit „Oups liebt Bäume, du auch?" (Stöckler & Hörtenhuber, *BH*, 2016, S. 44f.) wird der Fokus auf die Natur gerichtet. Im Sachunterricht ist die Umwelt und das Leben in der Natur ein großes Thema. Der allgemeine Volksschullehrplan (2012) „geht von den Erfahrungen und Begegnungen der Schülerinnen und Schüler mit der Natur sowie den Erfahrungen mit dem eigenen Körper aus." (S. 85) So wie man dem Konzept „Herzensbildung mit Oups" entnehmen kann (vgl. Stöckler & Hörtenhuber, *BH*, 2016, S. 44f.), vertritt auch der Lehrplan die Ansicht, dass die Kinder „ein Verständnis für die Natur als Lebensgrundlage des Menschen" aufbauen sollen und sich selbst sowie alle Menschen „als einen Teil der Natur" (S. 85) erkennen müssen. Sowohl bei Parucha (vgl. 2014, S. 95) als auch bei Jansen und Kunze (vgl. 2019, S. 74) werden bewusste Achtsamkeitsübungen in der Natur angeführt, bei denen die Kinder Kraft und Energie tanken können. Das bewusste Innehalten und Betrachten der Natur soll daraus resultieren. Dabei kann ein Bezug zur Agenda 2030 auf der Webseite *Bundeskanzleramt* (Bundeskanzleramt Österreich, 2019, o. A.) hergestellt werden. Bei dem Entwicklungsziel 15 „Leben an Land" wird „die nachhaltige Bewirtschaftung aller Waldarten" thematisiert sowie dem „Verlust der biologischen Vielfalt" entgegengesetzt. Die Einheit „Wir sind alle Gäste auf Erden" (Stöckler & Hörtenhuber, *BH*, 2016, S. 48) thematisiert die Einheit der Menschen und somit den Wert der Toleranz (vgl. Köhler, 2016, S. 226f.). Dabei steht das Wort *Gäste* im Vordergrund und stellt den Kindern die gemeinsame Verantwortung der Menschen gegenüber der Erde klar vor Augen. Auch hier kann ein Bezug zu den Entwicklungszielen der Agenda 2030 hergestellt werden. Das 17. Ziel „Partnerschaften zur Erreichung der Ziele" (Bundeskanzleramt Österreich, 2019, o. A.) beinhaltet die Hilfsbereitschaft gegenüber Entwicklungsländern sowie den Ausbau „Globaler Partnerschaften für nachhaltige Entwicklung". Um das zu erreichen, bedarf es eines Dialogs zwischen den Vertretern unterschiedlicher Ansichten, und dieser Dialog stellt „eine Schlüsselkompetenz" dar, wenn es darum geht, „den Planeten am besten miteinander [zu] teilen" (Hawkins, 2018, S. 186). Hier gibt es viele Anknüpfungspunkte für Sachunterrichtsthemen, Lehrausflüge und div. Projekte.

3.4 Das Konzept im Vergleich zum Österreichischen Lehrplan für Volksschulen

Im Kapitel 2.3 „Wertevermittlung, -erziehung laut Österreichischem Lehrplan der Volksschulen" wurde der Lehrplan nach Hinweisen zum Wertelehren durchsucht. Jetzt wird der Frage nachgegangen, inwiefern sich die Ziele des pädagogischen Konzepts „Herzensbildung mit Oups" im Lehrplan wiederfinden lassen?

Der Vermerk beim *allgemeinen Bildungsziel*, nach dem die Entwicklung sozialer Werte Teil der Volksschule ist, lässt sich gut mit dem Konzept vereinen. „Humanität, Solidarität, Toleranz, Frieden, Gerechtigkeit und Umweltbewusstsein" (Lehrplan der Volksschule, 2012, S. 9) werden als Werte genannt, die in der Schule vermittelt werden sollen. In den einzelnen Unterrichtseinheiten des pädagogischen Konzepts „Herzensbildung mit Oups" lässt sich die Vermittlung dieser Werte wiederfinden (siehe 3.3 Schwerpunktsetzungen im Rahmen des Konzepts). Außerdem wird im Lehrplan festgehalten, dass die Kinder

> *zu selbstständigem Urteil und sozialem Verständnis geführt, dem politischen und weltan-*
> *schaulichen Denken anderer aufgeschlossen sowie befähigt werden, am Wirtschafts- und Kul-*
> *turleben Österreichs, Europas und der Welt Anteil zu nehmen und in Freiheits- und Friedens-*
> *liebe an den gemeinsamen Aufgaben der Menschheit mitzuwirken.* (S. 9)

Vergleicht man die Ziele des pädagogischen Konzepts mit diesem angeführten Absatz im Lehrplan, können folgende Erkenntnisse gezogen werden: Das Ziel, die Herzen für andere und die eigene Person zu öffnen, wird hier im Lehrplan lediglich in anderen Worten ausgedrückt. Die Kinder sollen aufgeschlossen sein und mit anderen Menschen zusammenarbeiten, damit Frieden herrschen kann. Auch das Ziel, sich gegenseitig zu respektieren, fällt in diesen Bereich, da andernfalls keine Zusammenarbeit stattfinden kann. Sich bewusst werden, dass man zu einer Gemeinschaft gehört und diese mitgestalten kann, ist ein Ziel, dass ohne Zweifel hier im Lehrplan vermerkt ist. Kinder sollen zu Menschen heranwachsen, die ihre Fähigkeiten in einer Gesellschaft anwenden und präsentieren können. Das Miteinander steht hier klar im Vordergrund.

Als eine der „sozialen Handlungsfähigkeiten" (S. 9), die die Grundschule aufbauen soll, wird die „Kritikfähigkeit" (Lehrplan der Volksschule, 2012, S. 9) genannt. Ein Ziel des pädagogischen Konzepts ist die Fähigkeit, Gefühle wahrzunehmen und damit umzugehen (vgl. Stöckler & Hörtenhuber, *BH*, 2016, S. 2). Auf den ersten Blick scheinen diese beiden Aspekte nicht unbedingt zusammenzupassen, dem ist jedoch nicht so. Kann ein Mensch seine Gefühle annehmen, verstehen und anwenden, so kann er auch mit Kritik konstruktiv umgehen und verfällt nicht in Verzweiflung und Depression. Auf der Suche nach positiven Gefühlen im Anschluss an eine Niederlage, können neue Ideen und Wege gefunden werden, die den Menschen aufbauen und ihm positive Energie liefern.

Um das Ziel, die eigenen Stärken und Talente zu entdecken, verwirklichen zu können, wird im Lehrplan auf das Gewähren von Schutz und Raum verwiesen, wodurch Kinder Vertrauen in die eigenen Fähigkeiten entwickeln können (vgl. Lehrplan der Volksschule, 2012, S. 10). Die Volksschule wird also dazu aufgefordert, den Kindern so viel Raum und Zeit zu geben, um ihre Stärken finden und ausbauen zu können.

„Die Volksschule soll den Kindern die Möglichkeit geben, ihre Bedürfnisse und Interessen unter Berücksichtigung anderer Personen wahrzunehmen und zu vertreten." (Lehrplan der Volksschule, 2012, S. 10) Der Lehrplan weist anschließend auf die Thematik der Konfliktlösung hin und betont die gemeinsame Reflexion und die Vermittlung gewaltfreier Konfliktbewältigungswege (vgl. Lehrplan der Volksschule, 2012, S. 10). In diesen Vermerken lassen sich gleich mehrere Ziele des Konzepts mit Oups wieder finden. Einerseits öffnen die Kinder ihre Herzen, wenn sie eigene Bedürfnisse wahrnehmen und dabei auf andere Personen achtgeben. Sie lernen dabei andererseits, auch mit ihren Gefühlen umzugehen sowie sich gegenseitig zu achten und zu respektieren. Bei der Konfliktbewältigung ist auch das Ziel, „einander zu helfen und um Hilfe zu bitten" (S. 2), inkludiert (Stöckler & Hörtenhuber, *BH*, 2016). Streit ohne Gewalt zu beenden ist ein großes Ziel des Konzepts sowie des Lehrplans. Schlussendlich ist auch das Ziel, die eigenen Talente zu entdecken, in dem Vermerk des Lehrplans wieder zu finden. Bedürfnisse und Interessen führen oft zu verborgenen Talenten, die nur darauf warten, entdeckt und genutzt zu werden.

Im Lehrplan wird interkulturelles Lernen angeführt, um gegenseitiges Verständnis und Wertschätzung zu lehren sowie Gemeinsamkeiten und Unterschiede zu erkennen und Vorurteile abzubauen (vgl. Lehrplan der Volksschule, 2012, S. 11). „Sich für mehr miteinander statt gegeneinander einzusetzen" (S. 2) ist ein Ziel des Konzepts mit Oups (Stöckkler & Hörtenhuber, *BH*, 2016). Auch dieses Ziel lässt sich demnach im allgemeinen Lehrplan der Volksschule wiederfinden. Bei den *allgemeinen didaktischen Grundsätzen*, im Lehrplan der Volksschule, wird das soziale Lernen extra angeführt und soll unter anderem das gegenseitige Unterstützen und Helfen sowie gewaltfreie Konfliktlösung und die Vorbeugung von Konflikten zur Folge haben (vgl. Lehrplan der Volksschulen, 2012, S. 26). Kinder sollen mit Hilfe von Oups dazu sensibilisiert werden, schwächere Klassenmitglieder zu unterstützen sowie Streitigkeiten ohne Gewalt und möglichst selbstständig zu lösen. Das Unterkapitel *soziales Lernen* fordert ganztägige Schulformen dazu auf, das soziale Lernen vermehrt anzubieten und „Kontaktfähigkeit, Toleranz und sozial angemessene Begegnungsformen" (S. 23) bei den Kindern weiterzuentwickeln (Lehrplan der Volksschule, 2012). Ein Ziel des Konzepts mit Oups ist, „die Einzigartigkeit eines jeden Menschen zu erkennen und schätzen zu lernen." (Stöckkler & Hörtenhuber, *BH*, 2016, S. 2) Dieses Ziel kann mit dem allgemeinen Begriff *Toleranz* ganz gut beschrieben werden. Ein toleranter Mensch duldet bewusst und freiwillig die Differenzen zu anderen Menschen (vgl. Köhler, 2016, S. 227). Ist ein Kind kontaktfähig, so kann es auf andere Kinder eingehen, ihnen mit Toleranz begegnen und dadurch ihre Einzigartigkeiten wahrnehmen. Angemessene Begegnungsformen finden dort statt, wo sich die Beteiligten gegenseitig schätzen und respektieren.

Die Kinder mit Oups die Freude am Lernen entdecken zu lassen (vgl. Stöckkler & Hörtenhuber, *BH*, 2016, S. 2), ist als solches Ziel nicht im Lehrplan zu finden. Es wird jedoch angeführt, dass die Lehrperson motivierend auf die Kinder einwirkt, wenn sie es schafft, die Lerninhalte mit dem unmittelbaren Leben der Kinder zu verbinden (vgl. Lehrplan der Volksschule, 2012, S. 28). Wenn die Schülerinnen und Schüler an den Lernthemen interessiert sind, ist das freudvolle Lernen meist auch zugegen.

Im *Erfahrungs- und Lernbereich Gemeinschaft* des Sachunterrichts sollen die Kinder ihre sozialen Handlungsfähigkeiten erweitern und lernen, sich in andere Menschen und deren Ansichten hineinzuversetzen. Diese Fähigkeiten sollen zu Toleranz und Akzeptanz führen und Abgrenzungen begründen können. (vgl. Lehrplan der Volksschule, 2012, S. 84f.). Unter diesem Vermerk lassen sich folgende Ziele des Konzepts mit Oups erkennen: gegenseitige Achtung und Respekt; Einzigartigkeiten anderer erkennen und schätzen zu lernen; Ängste und Sorgen anderer zu verstehen und dieses Verständnis auch zu zeigen; einander verzeihen zu können (vgl. Stöckler & Hörtenhuber, 2016, *BH*, S. 2). Bei den genannten Zielen des pädagogischen Konzepts „Herzensbildung mit Oups" handelt es sich um detaillierte Formulierungen, die im Lehrplan nur allgemein angeführt sind. Es ist jedoch klarzustellen, dass die Inhalte die gleichen sind und sich die Ziele des Konzepts somit durchaus auch im Lehrplan wiederfinden lassen; komprimiert und reduziert, aber doch.

Das Ziel *einander zu helfen* ist genauso auch im Lehrplan angeführt: „Einige Beiträge für das Zusammenleben leisten (einander helfen, [...])" (Lehrplan der Volksschule, 2012, S. 86). Das Erkennen der eigenen Gefühle und auch der Gefühle anderer wird im Lehrplan wie folgt angegeben: „Gefühle und Stimmungen in bestimmten Situationen beschreiben (z.B. Ich bin glücklich, traurig, wütend ...); Wirkungen von Gefühlen bei sich und anderen erkennen (z.B. Wenn ich mich freue, dann ...)" (S. 87). Der Lehrplan fordert dazu auf, die Gefühle der Schülerinnen und Schüler zu thematisieren. Das pädagogische Konzept „Herzensbildung mit Oups" führt einerseits das Ziel an, die eigenen Gefühle wahrzunehmen und damit umgehen zu können und andererseits Verständnis für die Sorgen anderer zu zeigen (vgl. Stöckler & Hörtenhuber, 2016, *BH*, S. 2). Es ist ersichtlich, dass der Lehrplan mit seinem Vermerk, diese beiden Ziele des Konzepts kombiniert und sogar noch mehr von den Kindern fordert. Die Auswirkungen von Gefühlen wie Ängste oder Sorgen sollen nicht nur verstanden werden, sondern die Kinder sollen in der Lage sein, die Gefühle anderer zu erkennen bzw. entsprechende Auswirkungen auf diese Gefühle zurückzuführen. Gefühle werden demnach nicht nur akzeptiert, vielmehr sollen die Kinder in der Lage sein, Ausschreitungen und Verhaltensweisen auf entsprechende Gefühle zu beziehen.

Das Ziel *sich in der Gemeinschaft einzubringen* wird im Lehrplan im *Erfahrungs- und Lernbereich Gemeinschaft* der Grundstufe II angesprochen. Die Schülerinnen und Schüler sollen ihre Hilfe anbieten und sich bei Konflikten angemessen verhalten (vgl. Lehrplan der Volksschule, 2012, S. 92). Im gleichen Bereich wird auch folgendes angeführt:

> *Verschiedenheit von Menschen erkennen und Anderssein verstehen und respektieren; Sich eigener Neigungen, Fähigkeiten und Schwächen bewusst werden; Eigene Gefühle, Wünsche und Bedürfnisse sowie die anderer (z.B. Freude, Angst, Zuneigung, Einsamkeit) wahrnehmen*

> *und Möglichkeiten finden, damit umzugehen; Konflikte aus dem Verständnis für andere bewältigen lernen, mit Konflikten leben können* (S. 92)

In diesem Absatz lassen sich mehrere Übereinstimmungen mit den Zielen des Konzepts mit Oups finden. Die Einzigartigkeit jedes Menschen soll erkannt und respektiert werden. Individuelle Talente gilt es zu entdecken, wobei der Lehrplan auch auf die Einbindung von Schwächen hinweist, die das Konzept ausklammert. Die Wahrnehmung von und der Umgang mit Gefühlen werden hier erneut vermerkt, wobei auch das Zeigen von Verständnis dazuzuzählen ist. Zu guter Letzt ist in diesem Absatz die gewaltfreie Konfliktlösung angeführt.

Bei der *bildnerischen Gestaltung* wird das Ausdrücken von Stimmungen in Formen und Farben angegeben, sowie das gemeinsame Arbeiten in Gruppen oder Paaren als Entwicklung sozialer Kompetenzen (vgl. Lehrplan der Volksschule, 2012, S. 173f.). Gefühle werden bekannter Weise ganz unterschiedlich ausgedrückt. Es ist dem Lehrplan hoch anzurechnen, dass in der bildnerischen Gestaltung dem Ausdrücken der Gefühle auch Platz gegeben wird, sowie auch das Konzept mit Oups genügend Zeit zur Verfügung stellt, um Situationen und Stimmungen in Bildern festzuhalten (vgl. Stöckler & Hörtenhuber, 2016, *AH*, S. 3f.).

Das Ziel „sich als Teil der Gemeinschaft wohl zu fühlen und sich einzubringen" (S. 2) wird im Lehrplan auch im Unterrichtsfach Bewegung und Sport angeführt (Stöckler & Hörtenhuber, 2016, *BH*). Dort heißt es: „Mit sich selbst zurechtkommen und sich als Teil der Gruppe wohl fühlen" (Lehrplan der Volksschule, 2012, S. 215). Durch gegenseitige Rücksichtnahme werden Schwächere automatisch unterstützt.

Die Umsetzung des pädagogischen Konzepts „Herzensbildung mit Oups" wird im Lehrplan dadurch bekräftigt, dass „für die Auswahl und Gewichtung der Lehrstoffe [...] Ausgewogenheit anzustreben" ist und dabei „soziale, emotionale, intellektuelle und körperliche Bildung [...] entsprechend zu berücksichtigen" sind (Lehrplan der Volksschule, 2012, S. 18). Daraus lässt sich schließen, dass das Konzept in jeder Unterrichtsstunde miteinfließen kann und Oups durch seine Präsenz für ein angenehmes Arbeitsklima sorgen und die Kinder zu jeder Zeit und in jeder schulischen Situation an mehr Miteinander und freudvolles Lernen erinnern kann. Der Lehrplan (2012) stellt klar: „Lernen und schulische Leistungen beschränken sich nicht allein auf Fachwissen. Sozialverhalten und Arbeitsverhalten sind zwei entscheidende Dimensionen schulischen Lernens, die Aufschlüsse darüber geben, wie Leistungen zu Stande kommen." (S. 30) Damit werden die Intuitionen des Konzepts eindeutig gerechtfertigt. Angstfreies, freudvolles und gemeinschaftliches Lernen gilt als Fundament nachhaltigen Lernens, ohne das neue Lerninhalte immer wieder in sich zusammenfallen würden. „Bei positiven Emotionen läuft die gesamte Intelligenz wie geschmiert und ist bereit, zu neuen Erfahrungen aufzubrechen. Negative Emotionen unterbrechen diesen Prozess, bremsen das Denken aus und verursachen eine Dauerzeitlupe der von Schmerz befallenen Gedanken." (Kline, 1995, S. 205 – 223 zit. nach Liebertz, 2004, S. 37)

Besonders bemerkenswert, und im Sinne des Konzepts positiv einzustufen, ist die Tatsache, dass der Lehrplan von einer aufbauenden Entwicklung der Kinder spricht, die genauso auch den Ansätzen und Hintergrundgedanken des pädagogischen Konzepts entspricht. „Der Weg führt dabei von der Entwicklung möglichst vieler positiver Ich-Du-Beziehungen über den Aufbau eines Wir-Bewusstseins zur gemeinsamen Verantwortung aller für alle." (Lehrplan der Volksschule, 2012, S. 26) Das gesamte Konzept ist so aufgebaut, dass zunächst der Fokus auf der Entdeckung und Förderung individueller Stärken und Besonderheiten liegt und erst dann der Blick auf die Eigenheiten der anderen Klassenmitglieder gelenkt wird. Durch Partner- und Gruppenübungen werden Vorteile der Zusammenarbeit erlebt und die erlangten Kooperationskompetenzen können dann auf größere Gesellschaftsgruppen angewendet werden.

Das einzige Ziel des Konzepts „Herzensbildung mit Oups", welches in keiner Weise im Lehrplan vorkommt, ist „Liebe und Frieden zu verbreiten" (Stöckler & Hörtenhuber, 2016, *BH*, S. 2). Es handelt sich bei diesem Ziel um die Grundbotschaft des kleinen Außerirdischen, auf dem sich das gesamte Konzept aufbaut. Vergleicht man diesen Urantrieb mit der Aussage von Jansen und Kunze (2018) über die zu vermittelnden Werte im Unterricht, die alle die Liebe als Zentrum haben sollten (vgl. S. 41), so spricht dies eindeutig für die Verwendung des Konzepts in der Schule. Das Fehlen im Lehrplan kann darauf zurückzuführen sein, dass der Lehrplan die Entwicklung der Kinder fokussiert, jedoch das Weitergeben erworbener Fähigkeiten und Werte nicht als primäres Ziel ansieht. Das Konzept mit Oups möchte neben den Sozialkompetenzen den Blick der Kinder auch über das Schulgebäude hinaus lenken und die Tatsache bekräftigen, dass das Leben jedes Menschen und der ganzen Welt mit ein bisschen Liebe und Freude schöner ist und länger währt. Eine mögliche Übereinstimmung lässt sich im *Lehrplan für den katholischen Religionsunterricht an der Volksschule* (2013) finden, wo es heißt: „Der Religionsunterricht [...] ermutigt zu umfassendem Frieden" (S. 10)

Die im Begleitheft „Herzensbildung mit Oups" angeführten Ziele des Konzepts beziehen sich vorwiegend auf Selbst- und Sozialkompetenzen, die von den Kindern entwickelt werden sollen. Dabei wird auch das Umweltthema leicht tangiert. Bei der Frage, wie aus der Erde ein Herzplanet werden kann, werden die Kinder auch Maßnahmen nennen, die dem Umweltschutz entsprechen. Ein Bezug zu dem *Erfahrungs- und Lernbereich Natur* im Sachunterricht, kann hier hergestellt werden, bei dem „verantwortungsbewusstes Verhalten gegenüber der Natur" (S. 88) angestrebt wird (Lehrplan der Volksschule, 2012). Alle Menschen sind Gäste auf der Erde und sollen sich dementsprechend um das Wohlbefinden des Planeten bemühen. Umweltbewusstsein wird jedoch nicht als primäres Ziel des Konzepts angeführt.

Allgemein ist anzumerken, dass die Ziele des pädagogischen Konzepts „Herzensbildung mit Oups" durchaus im Lehrplan angeführt werden. Das Konzept formuliert seine Ziele sehr detailliert und in klaren Sätzen, während der Lehrplan einige Ziele grob zusammenfasst. Dadurch kann nicht behauptet werden, dass die Ziele des Konzepts nicht im Lehrplan angeführt werden. Vielmehr beschreiben die Konzeptziele konkrete Lernziele, die in allgemeinen Begriffen wie *Sozialkompetenzen, individuelle Bedürfnisse* oder *Kooperationsfähigkeiten* zu finden sind.

3.5 Resümee

Bei dem pädagogischen Konzept „Herzensbildung mit Oups" handelt es sich um ein Wertevermittlungskonzept, welches am ehesten dem technologischen Modell zugeschrieben werden kann (siehe 3.2 Vorstellung und Beschreibung des pädagogischen Konzepts). So wie auch in anderen Literaturquellen zu lesen ist, setzt das Konzept auf einer aufbauenden Entwicklung des Individuums fest, die zunächst das ICH heraushebt und stärkt, bevor es die Gemeinschaft thematisiert. Positive Erfahrungen mit den Materialien und den Botschaften von Oups haben schlussendlich zur Konzeptentwicklung geführt. Bei den einzelnen Unterrichtseinheiten sind Schwerpunktsetzungen vorzufinden, die wiederum auf ein Wertevermittlungskonzept schließen lassen. Das Herausheben eigener, individueller Stärken, stärkt das Selbstbewusstsein und befähigt die Kinder, eigenständig zu handeln. Bei der Konfliktvermeidung wird der respektvolle Umgang miteinander thematisiert, sowie ein empathisches Verhalten suggeriert. Empathiefähigkeit wird vor allem durch das Sprechen und Ausdrücken von Gefühlen ausgebaut. Hilfsbereitschaft ist ein Wert, welcher durch egoistisches Verhalten verdrängt wird. Die Freude und die damit einhergehenden positiven Gefühle, welche durch Hilfsbereitschaft verspürt werden, sollen erneut in Erinnerung gerufen und aktiv erlebt werden. Außerdem wird dadurch der Wert *Solidarität* gestärkt. Dankbar zu sein und seine Dankbarkeit auszudrücken, sind zwei verschiedene Dinge. Auch dieser Wert der Wertschätzung anderen gegenüber soll vermittelt werden, wobei gleichzeitig ein humanitäres Verhalten gelebt wird. Der Schwerpunkt der Vermittlung der Fähigkeit eigene Ziele zu setzen (siehe 3.3.6) bringt die Werte *Durchhaltevermögen* und *Konsequenz* zum Vorschein. Als letzten Schwerpunkt ist die Vermittlung eines Umweltbewusstseins anzuführen, welche den Wert der Nachhaltigkeit sowie des Verantwortungsbewusstseins beinhaltet. Die Intuition, den Kindern Werte zu vermitteln, kann bei dem Konzept nicht verleugnet werden.

Die im Lehrplan angeführten Werte können alle anhand des Konzepts vermittelt werden. Werden die angegebenen Ziele des Konzepts mit dem Lehrplan verglichen, wird klar, dass die meisten Ziele durchaus vorhanden sind. Einige Ziele werden im Lehrplan zusammengefasst oder sind in allgemeinen Begriffen enthalten, was zum voreiligen Schluss führen kann, sie seien nicht vorhanden. Im Unterkapitel zum sozialen Lernen, sowie bei dem allgemeinen Bildungsziel, lassen sich einige Ziele des Konzepts finden. Eigene Unterrichtseinheiten können nur auf den *Erfahrungs- und Lernbereich Gemeinschaft* zurückgeführt werden. In anderen Fächern (Bewegung und Sport und bildnerische Gestaltung) lassen sich nur vereinzelte Ziele bei Gruppenaktionen und gemeinschaftlichen Übungen finden. Das ganzheitliche Lernen sowie der Vermerk, die Entwicklung der Kinder passiere aufbauend und der Unterricht soll dementsprechend gestaltet werden (siehe 3.4 Das Konzept im Vergleich zum Österreichischen Lehrplan für Volksschulen), rechtfertigt den Einsatz des Konzepts. Die Verbreitung von Liebe und Frieden ist das einzige Ziel, welches im Lehrplan in keiner Weise angeführt wird.

4 Qualitative Forschung

Im folgenden Kapitel werden zur Darlegung der Transparenz der Forschungsarbeit die qualitative Forschung genau angeführt sowie die angewandten Forschungsmethoden erläutert. Anschließend wird die qualitative Inhaltsanalyse theoretisch angeführt.

4.1 Einleitung

Diese Arbeit besteht zum einen Teil aus einer Literaturforschung und zum anderen Teil aus einer empirischen Forschung. Bei letzterer handelt es sich um eine qualitative Forschungsmethode, die mit Hilfe von leitfadengestützten Experteninterviews durchgeführt wird. Während bei der Literaturforschung themenrelevante Informationen aus div. Fachliteraturen herausgearbeitet und miteinander verglichen werden, um zu Forschungsergebnissen zu kommen bzw. die aus der empirischen Forschung resultierenden Ergebnisse zu bestätigen oder zu wiederlegen, muss bei qualitativen und quantitativen Forschungen die bzw. der Forschende durch Interaktionen im Forschungsfeld ihre bzw. seine Daten erheben, auswerten und analysieren.

Die qualitative Forschung wird allgemein als „offener Prozess" (S. 46) beschrieben, welcher es der bzw. dem Forschenden ermöglicht, aus einer Vielzahl an Forschungsmethoden und Ergebnisverarbeitungen auszuwählen (Fuhs, 2007). Auch bei den angewandten qualitativen Forschungsmethoden ist die „Offenheit gegenüber dem Forschungsgegenstand und den Sichtweisen der befragten/betrachteten Personen" (S. 54) charakteristisch (Reinders & Ditton, 2015). Trotz der Offenheit, handelt es sich bei der qualitativen Forschung nicht um einen beliebigen Ablauf. Die Qualität steigt, wenn die Vorgehensweise begründet und die einzelnen Schritte nachvollzogen werden können (vgl. Fuhs, 2007, S. 46). Daraus lässt sich schließen, dass die Forschungsmethode sowie deren Auswertung und Schlussfolgerungen von dem jeweiligen Forschungsinteresse und den zu erwartenden Ergebnissen abhängen. Ist die gewählte Methode zur Erforschung der Forschungsfragen passend gewählt und können Vorgehensweisen und Gedankengänge gut nachvollzogen werden, so handelt es sich um eine hochwertige qualitative Forschung. Fuhs (2007) hält fest, dass die qualitative Forschung „in eine historische Kultur und deren Regeln, Fragen und Selbstverständlichkeiten eingebettet" (S. 47) ist. Sie wird demnach von ihrem Forschungsumfeld beeinflusst und muss an dieses individuell angepasst werden. Auch Döring und Bortz (2016) führen an, dass die zu untersuchenden sozialen Phänomene von ihrer Umwelt geprägt und daher ganzheitliche Untersuchungen durchzuführen sind (vgl. S. 64f.). Diese Tatsache muss vor allem bei der Auswertung berücksichtigt werden, da die Forschungsergebnisse des einen Forschungsfeldes nur auf dieses schließen lassen und meist gar nicht auf ein anderes Feld zutreffen. „Die ganzheitliche Untersuchung auf der Ebene der Lebenswelten führt im Ergebnis zu zeit- und orts-, (sub-)kultur- sowie personengebundenen Erkenntnissen." (Döring & Bortz, 2016, S. 65)

Bei der qualitativen Forschung gilt es, den betreffenden Wissenschaftsbereich anzugeben, sowie den aktuellen Forschungsstand und das Thema (vgl. Fuhs, 2007, S. 48). Die Forschungsfrage geht der qualitativen Forschung voran, wobei eine „Balance zwischen Festlegung und Offenheit" (S. 48) gewahrt bleiben soll (Fuhs, 2007). Eine zu offene Fragestellung würde die Forschung vor ein zu großes Forschungsfeld stellen und zu ungenaueren Ergebnissen führen. Wird das Forschungsgebiet klar abgesteckt, so ist es der Forscherin bzw. dem Forscher möglich, sich in dem Bereich frei zu bewegen. Diese wissenschaftliche Arbeit bezieht sich auf das soziale Lernen, spezifisch auf die Wertevermittlung in der Primarstufe und wie diese mit Hilfe des pädagogischen Konzepts „Herzensbildung mit Oups", von Stöckler und Hörtenhuber (2016), umgesetzt werden können bzw. welche Auswirkungen zu verzeichnen sind.

„Qualitative Forschung geht nicht von Hypothesen [...] aus, sondern generiert in einem ‚offenen' Forschungsprozess Hypothesen, die dann in einem weiteren Schritt überprüft werden können." (Fuhs, 2007, S.49f.) Solche Hypothesen werden durch „eine Abstraktion der Befunde einzelner qualitativer lebensweltbezogener Studien" (S. 66) generiert, wobei durch Typenbildung generalisiert wird oder Kontextfaktoren eindeutig bei der Theoriebildung berücksichtigt werden (vgl. Döring & Bortz, 2016). Anhand der Forschungsfrage(n) wird ein zu erforschendes Gebiet eröffnet. Wie Fuhs (2007) festlegt, betritt die bzw. der Forschende jenes Gebiet unvoreingenommen, mit einem durch die Forschungsfrage gerichteten Forschungsinteresse. Dieses Interesse darf jedoch den Blick auf das Forschungsgebiet nicht zu sehr einschränken, vielmehr gibt es eine bestimmte Richtung vor, in die die Forschung gehen soll, bleibt aber für weitere Wege und Erkenntnisse offen (vgl. S. 50). Bei der vorliegenden qualitativen Forschung sollen folgende Forschungsfragen geklärt werden:

- Inwieweit trägt das Konzept der „Herzensbildung mit Oups" zur Wertevermittlung in der Primarstufe bei?

- Welche Werte können durch dieses Konzept vermittelt werden?

- Wie wird dieses Konzept in der Primarstufe umgesetzt?

- Wie wirkt sich dieses Konzept laut Einschätzung der Pädagoginnen bzw. Pädagogen auf das Verhalten der Schülerinnen und Schüler aus?

- Welche Ziele der „Herzensbildung mit Oups" werden auch im allgemeinen Lehrplan der Grundschule angeführt?

Bei dem Forschungsgebiet dieser Arbeit, handelt es sich eindeutig um das pädagogische Konzept „Herzensbildung mit Oups". Das Forschungsinteresse beschränkt sich auf den schulischen Bereich der Primarstufe, was das Forschungsfeld weiter eingrenzt. Bei der Umsetzung des Konzepts werden keine Eingrenzungen vorgenommen. Die bzw. der Forschende betritt das Forschungsfeld und möchte jede Kleinigkeit des Unterrichts aufnehmen, die auf das Konzept zurückzuführen ist. Das zu beobachtende Verhalten der Schülerinnen und Schüler wird vorab nicht genauer definiert. Vielmehr möchte die Forschungsarbeit den Blick der Pädagoginnen und Pädagogen nicht schon bei der Fragestellung in gewisse Bahnen lenken, sondern intuitive und individuelle Ansichten der Lehrkräfte erfahren. Um die genannten Erkenntnisse zu erhalten, werden ausgewählte Pädagoginnen und Pädagogen zu ihren Umsetzungen des pädagogischen Konzeptes „Herzensbildung mit Oups", mit Hilfe von leitfadengestützten Experteninterviews (siehe 4.2 Experteninterview), befragt.

Nach dem Festlegen der Forschungsfrage(n) gilt es, sich über den aktuellen Forschungsstand zu informieren und in einem Begriffsrahmen wichtige Begriffe zum besseren Verstehen der Arbeit zu definieren (vgl. Fuhs, 2007, S. 50f.). Döring und Bortz (2016) führen dazu noch an, dass die Forschungsfragen „auf der Basis des Forschungsstandes und vorliegender Theorien" (S. 26) formuliert werden. Bei der Erstellung der Forschungsfragen sollte demnach ein gewisses Fachwissen schon vorhanden sein, um sich anschließend detaillierter in das Fachgebiet einlassen zu können.

Nun gilt es das Forschungsdesign zu bestimmen, welches die angewandten Methoden, den Zeitraum und die allgemeine Vorgehensweise beschreibt. Erst nach dieser Festlegung kann die qualitative Forschung durchgeführt, die Ergebnisse analysiert und aufbereitet sowie die Ergebnisse abschließend für die Praxis festgelegt werden (vgl. Fuhs, 2007, S. 50f.). „Das nicht-strukturierte bzw. offene Vorgehen soll bei der Datenerhebung zu mehr Gegenstandsangemessenheit führen und auch das Aufdecken vorher nicht erwarteter Aspekte ermöglichen." (Döring & Bortz, 2016, S. 26)

Als Methode dieser qualitativen Forschung wurde das leitfadengestützte Experteninterview herangezogen.

4.2 Experteninterview

In der qualitativen Forschung ist das Interview eine der häufigsten Methoden, um Daten zu erheben. Dabei wird es „in der Regel als persönlich-mündliches Gespräch mit einem geringen Maß an Strukturierung und Standardisierung durchgeführt." (Reinders, 2015, S. 94) Döring und Bortz (2016) halten fest, dass vier Elemente zentral für das Interview sind: „a) die Befragungsperson, b) die Interviewerin bzw. der Interviewer, c) die Interviewsituation und d) die Interviewfragen" (S. 356). Diese vier Elemente variieren von Interview zu Interview und müssen daher ganz besonders bei den Fragestellungen sowie bei der Auswertung berücksichtigt werden.

Ziel von Interviews ist es, ausgewählte Personen zu einem gewissen Themenbereich zu befragen, um deren subjektive Meinungen oder Erfahrungen zum Vorschein zu bringen. Dafür muss eine angenehme Gesprächsatmosphäre geschaffen werden und der interviewten Person muss genügend Raum gegeben werden, die Fragen sinngemäß zu beantworten. „Dies soll methodisch dadurch gewährleistet werden, dass möglichst die Sprachgewohnheiten von Befragten berücksichtigt werden." (Reinders, 2015, S. 95) Beantworten die befragten Personen die Interviewfragen ‚wie ihnen der Schnabel gewachsen ist', so können subjektive Ansichten eher vermittelt und daher auch in der Auswertung berücksichtigt werden.

Bei dem Experteninterview handelt es sich um eine Form des Interviews, bei der eine Expertin oder ein Experte zu einem bestimmten Thema befragt wird. Die Auswahl der Expertinnen bzw. Experten muss klar definiert und nachvollziehbar sein. Darüber hinaus „muss von den Interviewenden eine geeignete Rolle gewählt und eingenommen werden (z. B. als Co-Experte oder Laie)." (Döring & Bortz, 2016, S. 376) Bei dem vorliegenden Experteninterview handelt es sich um den „wissenssoziologischen Expertenbegriff, der auf der Unterscheidung von Experte und Laie sowie derjenigen von Allgemeinwissen und spezialisiertem Sonderwissen beruht." (vgl. Schütz 1972b: Sprondel 1979 zit. nach Bohnsack et al., 2018, S. 76) Es handelt sich bei den befragten Expertinnen und Experten um Primarstufenlehrerinnen bzw. –lehrer, die mit dem pädagogischen Konzept „Herzensbildung mit Oups" in ihren Klassen arbeiten und dadurch Erfahrungen damit sammeln konnten. Aus diesem Grund sind sie im Stande, von ihrer täglichen Arbeit im Schulwesen zu berichten und das Verhalten der Kinder mit dem Konzept in Verbindung zu bringen. Die individuellen Berichte über die Arbeit mit dem pädagogischen Konzept lassen dessen Vielfalt erahnen und geben konkrete Einblicke in die Praxis.

4.2.1 Leitfaden

Das Experteninterview wurde mit Hilfe eines Leitfadens durchgeführt, der im Sinne eines halbstandardisierten Forschungsdesigns verwendet wurde (vgl. Bohnsack et al., 2018, S. 152). Darunter ist zu verstehen, dass vor dem Interview die Fragen formuliert und in einer gewissen Reihung notiert werden. Bei dem Interview selbst hat sich die bzw. der Interviewende grob an diesen Faden zu halten, wobei der interviewten Person das Ausmaß der Beantwortung überlassen wird und gegebenenfalls Fragen während des Gesprächs adaptiert bzw. deren Reihenfolge abgeändert werden können. Dies bestätigen auch Döring und Bortz (2016), in dem sie anführen, dass der Leitfaden die Fragen und die Reihenfolge vorgibt, jedoch der bzw. dem Interviewenden, je nach Interviewsituation, individuelle Anpassungen erlaubt (vgl. S. 358). Der Leitfaden ist eine Auflistung themenrelevanter Fragen, die der Interviewerin bzw. dem Interviewer als Basis des Interviews dient. Reinders (2015) hält folgendes fest: „Im Interviewleitfaden werden zentrale Inhalte der Forschungsfrage erfasst und einer Erhebung in der Interviewsituation zugänglich gemacht." (S. 103) Der Interviewleitfaden dieser empirischen Forschung hat vordergründig die Beantwortung der folgenden Forschungsfragen im Sinne:

- Welche Ziele der „Herzensbildung mit Oups" werden auch im allgemeinen Lehrplan der Grundschule angeführt?

- Wie wird dieses Konzept in der Primarstufe umgesetzt?

- Wie wirkt sich dieses Konzept laut Einschätzung der Pädagoginnen bzw. Pädagogen auf das Verhalten der Schülerinnen und Schüler aus?

Die geführten Interviews wurden online durchgeführt, was wiederum eine spezielle Form des Leitfaden-Interviews darstellt. „Hierbei findet der Interviewkontakt computervermittelt entweder zeitversetzt […] oder zeitgleich (z. B. Chat-Interview, Webcam-Interview) statt." (Döring & Bortz, 2016, S. 375) Bis auf den Umstand, dass die Kommunikation via Onlinemeeting-Plattformen stattfand, wurden die Interviews wie gewöhnliche Leitfadeninterviews geführt.

Im Zuge dieser empirischen Forschungsarbeit sind drei leitfadengestützte Experteninterviews durchgeführt worden, die im Anschluss an die qualitative Inhaltsanalyse analysiert und ausgewertet werden (siehe 5 Auswertung).

4.3 Qualitative Inhaltsanalyse

Die geführten Interviews wurden anhand der qualitativen Inhaltsanalyse nach Philipp Mayring analysiert und ausgewertet. Es folgt eine genaue Beschreibung der gewählten Analyse.

Mayring (2010) hält gleich zu Beginn fest, dass der Begriff *Inhaltsanalyse* sehr schwer zu definieren ist. Im Großen und Ganzen geht es um Material, welches „aus irgendeiner Art von *Kommunikation* stammt." (S. 11) Jedoch kann man anhand unterschiedlichster Definitionen erkennen, dass noch viel mehr zur *Inhaltsanalyse* dazugehört. Charakteristisch für die *Inhaltsanalyse* ist, dass sie sich nicht nur auf sprachliche Kommunikation stützt, sondern auch auf die Kommunikation, die durch Bilder oder Musik vermittelt wird. Wichtig ist, dass die Art der Kommunikation in irgendeiner Weise protokolliert vorliegt und die Auswertung systematisch und nach festgelegten Regeln vorgeht sowie theoriegestützt ist. Mit dem Material werden Rückschlüsse auf Aspekte der Kommunikation gezogen (vgl. Mayring, 2010, S. 11f.).

Anhand der Kommunikation in den Interviews, wurde Material gesammelt, welches transkribiert, also protokolliert, wurde. Nach dem von Döring und Bortz (2016) beschriebenen Sortieren, Anonymisieren und Bereinigen (vgl. S. 580), wird jenes Material mit der zuvor festgehaltenen Theorie des Forschungsgebietes verglichen, wodurch neue Thesen und Erkenntnisse entstehen. Gläser-Zikuda (2015) hält fest, dass eine Bereinigung der Sprache nicht in jedem Fall von Nöten ist. Die Möglichkeit einer „literarische[n] Umschrift, die auch Dialekte im gebräuchlichen Alphabet wiedergibt" (S. 121) ist genauso möglich, jedoch wird dadurch das Lesen der transkribierten Interviews deutlich erschwert. Der gesamte Auswertungsprozess der Interviews unterliegt klaren Regeln, wodurch die Vorgehensweise transparent wird. „Ein regelgeleiteter Ablauf ermöglicht, dass die Analyse nachvollzogen und auf Gütekriterien hin überprüft werden kann." (Gläser-Zikuda, 2015, S. 123)

„Zum einen beinhaltet [...] [ein Bereich der qualitativen Forschung] die Aufdeckung der für den jeweiligen Gegenstand relevanten Einzelfaktoren, zum andern die Konstruktion von möglichen Zusammenhängen dieser Faktoren." (Mayring, 2010, S. 22) Damit ist die Hypothesenfindung und Theoriebildung gemeint, welche zu einer der Aufgaben qualitativer Analysen gehören. Dies wird auch von Döring und Bortz (2016) angeführt, in dem sie die qualitative Datenanalyse als dem „explorativen (gegenstandserkundenden, hypothesen- und theoriebildenden) Erkenntnisinteresse" (S. 599) folgendes Verfahren beschreiben. Es werden Kategorien gebildet und überarbeitet, die bei der Auswertung gebraucht werden. Durch die qualitative Analyse ist es auch möglich, bereits vorhandene Theorien zu überprüfen bzw. weiterzuführen (vgl. Mayring, 2010, S. 22f.). Es ist durchaus üblich, dass sich die qualitative Analyse an Einzelfällen orientiert. Vergleicht man diese Erwähnung Mayrings (2010, S. 23) mit der vorliegenden empirischen Forschung, so wird klar, dass sich auch diese qualitative Analyse an den Einzelfällen der Interviewpartnerinnen und –partnern orientiert. Doch auch Prozessanalysen sind bei qualitativen Analysen weit verbreitet. Als Hauptaufgabe gilt die Klassifizierung, welche „die Ordnung eines Datenmaterials nach bestimmten, empirisch und theoretisch sinnvoll erscheinenden Ordnungsgesichtspunkten, um so eine strukturierte Beschreibung des erhobenen Materials zu ermöglichen" (Mayring, 2010, S. 24), darstellt. Auch Döring und Bortz (2016) beschreiben eine Strukturierung der erhobenen Daten, um diese auswerten zu können. Nach dem *Kopieren* wird das *Sortieren* angeführt, bei dem „das Material physisch in Stapel, Boxen oder Ordnern organisiert" (S. 582) wird.

Aus den genannten Aufgaben der qualitativen Analyse lässt sich schließen, dass die qualitative Inhaltsanalyse anhand einer Kategorienbildung das gesammelte Material durchgliedert und anschließend Hypothesen bildet. Sie „zielt darauf ab, aus qualitativem Text- oder Bildmaterial systematisch v. a. die manifesten Inhalte durch Kategorienbildung herauszuarbeiten und diese bei Bedarf auch zu quantifizieren" (Döring & Bortz, 2016, S. 602). Eine klare Strukturierung des Datenmaterials steht dabei im Fokus. Diese Hypothesen und Theorien werden dann theoretisch überprüft und gegebenenfalls überarbeitet. Die Tatsache, dass sich die Analyse dabei meist an Einzelfällen orientiert, darf natürlich nicht außer Acht gelassen werden.

Bei der Interpretation des gesammelten Datenmaterials beschreibt Mayring (2010) folgende drei Punkte:

1. *Am Anfang einer qualitativen Inhaltsanalyse muss eine genaue Quellenkunde stehen. Das Material muss auf seine Entstehungsbedingungen hin untersucht werden.*
2. *Das Material kann nie vorbehaltlos analysiert werden. Der Inhaltsanalytiker muss sein Vorverständnis explizit darlegen. Fragestellungen, theoretische Hintergründe und implizite Vorannahmen müssen ausformuliert werden.*
3. *Qualitative Inhaltsanalyse ist immer ein Verstehungsprozess von vielschichtigen Sinnstrukturen im Material. Die Analyse darf nicht bei dem manifesten Oberflächeninhalt stehen bleiben, sie muss auch auf latente Sinngehalte abzielen.* (S. 32)

Ein freies Interpretieren soll damit bestmöglich vermieden werden. Es soll klar nachvollziehbar sein, weshalb das Datenmaterial auf diese oder jene Art interpretiert wurde.

Da die Bildung von Kategorien wesentlich ist, um das Datenmaterial strukturieren und besser auswerten zu können, wird nun die Kategorienbildung genauer erläutert. Wie Mayring (2010) festhält, fügt der Leser bei der ersten Besichtigung eigenes Vorwissen hinzu, um die Bedeutung des Textes erfassen zu können. Anschließend wird auf das Wesentlichste reduziert und Kategorien werden gebildet. Jene Kategorien dienen dazu, einzelne Textpassagen Themenbereichen zuordnen zu können. Die Kategorien müssen klar definiert sein, wobei auf drei Definitionsprozesse zurückgegriffen wird: *Definition, Ankerbeispiele und Kodierregeln.* (vgl. S. 44f.) Eine solch genaue Beschreibung der „Zuordnung von Codes zu Textstellen" (S. 603) lässt sich auch bei Döring und Bortz (2016) finden. Sie führen außerdem an, dass solche Codes sowohl induktiv als auch deduktiv entstehen können (vgl. Döring & Bortz, 2016, S. 603f.). Es ist wichtig, dass die Hauptkategorien, die gegebenenfalls vorhandenen Unterkategorien, die jeweiligen Definitionen und die dazugehörigen Kodierregeln dargelegt werden (vgl. Gläser-Zikuda, 2015, S. 124). Dadurch wird die Vorgehensweise der Forschung klar ersichtlich und kann nachvollzogen werden.

Am Beginn der qualitativen Inhaltsanalyse „muss genau definiert werden, welches Material der Analyse zugrunde liegen soll." (Mayring, 2010, S. 54) Anschließend muss klar angeführt werden, „von wem und unter welchen Bedingungen das Material produziert wurde" (Mayring, 2010, S. 55) und „in welcher Form das Material vorliegt" (Mayring, 2010, S. 55). Mayring (2010) beleuchtet anschließend den Interpretationsfokus, der feststehen muss (vgl. S. 58). Daraus lässt sich schließen, dass der nächste Schritt darin besteht, das Material auf die zuvor festgelegten Forschungsfragen hin zu analysieren und so auf die Theorie zurückzugreifen.

Bei der Interpretation sind folgende Grundformen festgehalten: *Zusammenfassung, Explikation und Strukturierung.* Das Material soll dabei auf das Wesentlichste reduziert werden, so dass ein grober Überblick sichtbar wird (vgl. Mayring, 2010, S. 67). Dadurch wird „ein Korpus herauskristallisiert [...] der als Abbild der Gesamtheit der Daten gelten kann." (Gläser-Zikuda, 2015, S. 123f.) Mayring (2010) betont jedoch, dass es sich bei den genannten drei Grundformen „um drei voneinander unabhängige Analysetechniken [handelt], die nicht als nacheinander zu durchlaufende Schritte verstanden werden sollen." (S. 67) Je nach Forschungsfrage und Material soll die geeignete Technik angewendet werden (vgl. Mayring, 2010, S. 67). Ziel der *Zusammenfassung* ist es, Textpassagen zu verarbeiten und entsprechende „Makrooperatoren der Reduktion" (Mayring, 2010, S. 69) zu formulieren. Es wird dabei auch von Paraphrasierung und Generalisierung gesprochen. „Die einzelnen Kodiereinheiten werden paraphrasiert und keine inhaltstragenden Textbestandteile werden gestrichen." (Gläser-Zikuda, 2015, S. 124) Anschließend werden die paraphrasierten Passagen verallgemeinert. Sowohl Gläser-Zikuda als auch Mayring beschreiben damit die einzelnen Schritte der Zusammenfassung des gesammelten Datenmaterials und geben damit einen Fahrplan vor, wie die bzw. der Forschende vorzugehen hat. In einem nächsten Schritt, werden die gebildeten Verallgemeinerungen durchgegangen, wobei ähnliche Aussagen zusammengefasst werden. Dadurch wird „die Zusammenfassung [...] immer abstrakter" (Mayring, 2010, S. 69), weshalb immer wieder rücküberprüft werden muss, ob diese neue Zusammenstellung „das Ausgangsmaterial noch repräsentiert." (Gläser-Zikuda, 2015, S. 124)

Die *Explikation* hat zum Ziel, dass das vorhandene Verständnis erweitert wird (vgl. Mayring, 2010, S. 67f.). Dies ist notwendig, „wenn fragliche Textteile verbleiben, deren Verständnis durch die Analyse zusätzlichen Materials erhellt wird." (Gläser-Zikuda, 2015, S. 124) Um Erweiterungen vornehmen zu können, ist eine genaue Definition des herangezogenen Materials von Nöten und die „lexikalisch-grammatikalische Definition" (Mayring, 2010, S. 90) muss dem Ganzen zu Grunde liegen. Es sollen daraus Textstellen resultieren, die zur Interpretation herangezogen werden können (vgl. Mayring, 2010, S. 90).

Als *Strukturierung* wird das Herausfiltern einzelner Aspekte verstanden, sodass das Material entsprechend eingeschätzt werden kann (vgl. Mayring, 2010, S. 67f.). Gläser-Zikuda (2015) führt hier als Kernstück „die Zusammenstellung eines Kategoriensystems mit Definitionen, Ankerbeispielen, Kodierregeln und Fundstellenbezeichnungen" (S. 125) an, was schon von der Kategorienbildung nach Mayring (2010) eine bekannte Vorgehensweise ist (vgl. S. 44f.). Daraus lässt sich schließen, dass das Datenmaterial durchgegangen wird und es anschließend in entsprechende Kategorien eingeteilt werden kann. Diese Kategorien müssen genau definiert werden, sowie es klar ersichtlich sein muss, weshalb einzelne Textpassagen diesen Kategorien zugeteilt werden können. Das Anführen von Ankerbeispielen, verdeutlicht die Zuordnung nochmals.

Mayring (2010) führt vier Formen strukturierender Inhaltsanalysen an:

- *Eine formale Strukturierung will die innere Struktur des Materials nach bestimmten formalen Strukturierungsgesichtspunkten herausfiltern.*
- *Eine inhaltliche Strukturierung will Material zu bestimmten Themen, zu bestimmten Inhaltsbereichen extrahieren und zusammenfassen.*
- *Eine typisierende Strukturierung will auf einer Typisierungsdimension einzelne markante Ausprägungen im Material finden und diese genauer beschreiben.*
- *Eine skalierende Strukturierung will zu einzelnen Dimensionen Ausprägungen in Form von Skalenpunkten definieren und das Material daraufhin einschätzen.* (S. 99)

Dem hingegen führt Gläser-Zikuda (2015) nur die formale, typisierende und skalierende Strukturierung an (vgl. S. 125).

Die zuvor angesprochene Bildung von Kategorien kann deduktiv oder induktiv gesteuert sein, wobei einerseits die Kategorien anhand der Theorie abgeleitet, oder aber anhand des Materials gebildet werden (vgl. Mayring, 2010, S. 85). Die Anwendung induktiver als auch deduktiver Vorgehensweisen bei der Analyse hält auch Gläser-Zikuda (2015) fest (vgl. S. 123).

Die vorliegenden Interviews wurden nach ihren inhaltlichen Aussagen in Kategorien eingeteilt. Aufgrund der Kodierregeln und der genauen Definitionen der Kategorien, sowie der Unterkategorien, konnten die Textpassagen entsprechend zugeteilt werden. Anschließend sind diese Passagen paraphrasiert und generalisiert worden. Von den genannten drei Grundformen wurden bei dieser qualitativen Analyse demnach die Strukturierung und die Zusammenfassung angewendet.

4.4 Resümee

Bei dem empirischen Forschungsteil dieser wissenschaftlichen Arbeit handelt es sich um eine qualitative Forschung. Die durchaus offene Form der Forschung zeigt, durch klare Vorgehensbeschreibungen, keine Qualitätseinbußen auf. Vielmehr ermöglicht sie der Forscherin bzw. dem Forscher flexibel auf das Forschungsfeld einzugehen und ihre bzw. seine Forschungsmethoden gegebenenfalls zu adaptieren. Dabei werden Hypothesen generiert und anschließend überprüft. Mit Hilfe der Methode des leitfadengestützten Experteninterviews, treten geeignete Pädagoginnen und Pädagogen als Experten auf und berichten aus deren Perspektiven den Laien. Der Leitfaden gibt dabei eine grobe Richtlinie vor, welche Fragen behandelt werden. Dieser kann jedoch nach Bedarf adaptiert, die Reihenfolge der Fragen geändert oder Fragen hinzugefügt bzw. weggelassen werden. Wichtig ist, dass sich der Leitfaden an den Forschungsfragen orientiert. Die qualitative Inhaltsanalyse erleichtert die Auswertung der Interviews. Mit ihrer Hilfe, werden die Interviews strukturiert, auf das Wesentlichste reduziert und, anhand der Erstellung von Kategorien, gegenübergestellt.

5 Auswertung

Der Auswertung liegen folgende Forschungsfragen der Arbeit zu Grunde:

- Inwieweit trägt das Konzept der „Herzensbildung mit Oups" zur Wertevermittlung in der Primarstufe bei?

- Welche Werte können durch dieses Konzept vermittelt werden?

- Wie wird dieses Konzept in der Primarstufe umgesetzt?

- Wie wirkt sich dieses Konzept laut Einschätzung der Pädagoginnen bzw. Pädagogen auf das Verhalten der Schülerinnen und Schüler aus?

- Welche Ziele der „Herzensbildung mit Oups" werden auch im allgemeinen Lehrplan der Grundschule angeführt?

Aus organisatorischen Gründen, wurden die Interviews online durchgeführt. Anschließend wurden sie anhand der qualitativen Inhaltsanalyse nach Philipp Mayring ausgewertet, welche im vorhergegangenen Kapitel näher beschrieben wurde. Es folgt nun die Beschreibung des Interviewleitfadens, des genauen Analyseverlaufs und der gewonnenen Ergebnisse.

Zu Beginn sollten die Interviewpartnerinnen und –partner erzählen, wie lange sie schon mit dem pädagogischen Konzept arbeiten und was sie persönlich daran ansprechend finden. Nach diesen kurzen ‚Aufwärmfragen', die zum Erzählen anregen und „das inhaltliche Gespräch in Gang" (Reinders, 2015, S. 100) setzen sollten, wurde nach konkreten Gründen gefragt, weshalb das Konzept für die Arbeit in den Volksschulklassen verwendet wird. Erwartungen und Ziele sollten dabei zu Tage kommen, um die Verwendung des Konzepts nachvollziehbar zu machen. Die weiteren Fragen richteten sich auf die konkreten Umsetzungsformen: Verwendete Materialien, angewandte Methoden und der Einsatz des Arbeitsheftes „Herzensbildung mit Oups" wurden zur Sprache gebracht. Schilderungen umfangreicher Einsatzmöglichkeiten in den verschiedensten Fächern, diverser Materialien, über unterschiedliche Arbeitsaufträge der Kinder oder über durchgeführte Projekte wurden dabei erhofft. Anschließend wurde nach den zu beobachtenden Auswirkungen der gesetzten Maßnahmen gefragt. Wurden keine konkreten Verhaltensänderungen der Kinder genannt, so wurde nach dem Pausenverhalten, Konfliktsituationen und gegenseitigen Hilfestellungen der Kinder nachgefragt. Auch Erziehungsberechtigte können Verhaltensänderungen an ihren Kindern feststellen, die möglicherweise auf das Konzept zurückzuführen sind. Aus diesem Grund, wurden die Lehrkräfte nach Rückmeldungen der Eltern und Erziehungsberechtigten gefragt. Die vierte Forschungsfrage sollte damit beantwortet werden. Wurden Fragen nicht ausführlich genug beantwortet oder wurden relevante Informationen vorenthalten, so wurde konkreter nachgefragt. Der ersten Forschungsfrage musste eine intensive Auseinandersetzung mit dem Lehrplan der Volksschulen vorrausgehen. Die Befragten konnten in der Interviewsituation nur darüber Auskunft geben, inwieweit sich ihres Erachtens die Ziele und Werte des Konzepts im Lehrplan wiederfinden lassen. Ziel dieser Frage war es, herauszufinden, wie wichtig den Lehrkräften die Lehrplanabsicherung des Konzepts sei und ob sie den Wunsch nach mehr Übereinstimmungen verspüren würden. Am Ende konnten noch individuelle Anliegen geäußert werden bzw. Dinge erzählt werden, die noch nicht genannt wurden. „Diese Frage ist mal mehr, mal weniger ergiebig." (Reinders, 2015, S. 101) Mit einem solchen Abschluss, lässt sich das Interview gut abrunden und gibt den Interviewpartnerinnen und – partnern die Möglichkeit, eigenständig noch Wichtiges hinzuzufügen.

Die Forscherin hat sich bei den drei Interviews an den Leitfaden gehalten und bei Unklarheiten zusätzliche Verständnisfragen gestellt. Haben sich durch die Antworten weitere Fragen aufgetan, so wurden diese eingefügt (siehe 4.2.1 Leitfaden). Jedes Interview wurde transkribiert, wobei die Sprache von Dialektworten bereinigt wurde (siehe 8.2 Transkription Interview 1 bis 8.4 Transkription Interview 3).

Für die anschließenden Analysen wurden die einzelnen Aussagen Kategorien zugeordnet, die sowohl deduktiv als auch induktiv entstanden sind (siehe 4.3 Qualitative Inhaltsanalyse). Der Forscherin war es wichtig, alle Aussagen auszuwerten, weshalb Kategorien, wie beispielsweise *Transparenz* oder *Fächerübergreifend*, induktiv herausgearbeitet wurden. In den folgenden Tabellen sind alle Kategorien sowie deren Definitionen, geeignete Ankerbeispiele, die zutreffenden Codierregeln und gegebenenfalls vorhandene Unterkategorien angeführt.

Kategorienbezeichnung	Definition	Ankerbeispiel	Codierregel
K1: Werte	Das Fundament, auf dem das soziale Miteinander einer Gesellschaft aufbaut.	„Wenn man richtige Werte pflegt, dann kann Lernen stattfinden. Wenn das nicht stattfindet, (schüttelt den Kopf) ist Lernen kaum möglich, sag ich jetzt einmal." (8.2 Transkription Interview 1, S. 103, Zeile 219-221)	Wenn auf Werte hingewiesen wird.

K2: Motivation	Beweggründe der Lehrkraft, weshalb das Konzept im Unterricht verwendet wird.	„Ja, ich verbind damit die Ziele … dass die Kinder einfach im Bereich der Werterzieh- erziehung oder der Herzensbildung, wie Sie nennen, dass sie damit konfrontiert werden, weil ja wo man nix säht kann man nix ernten, sag ich immer (schmunzelt)." (8.3 Transkription Interview 2, S. 106, Zeile 43-46)	Wenn der persönliche Antrieb hinter der Umsetzung des Konzepts angesprochen wird.
K3: verwendetes Material	Lehrmaterial und andere Oups-Produkte, welche im Unterricht verwendet werden, sowie Materialien, die zusätzlich zu Oups herangezogen werden.	„Ich hab die Bücher, ich hab die Handpuppe … wir haben (schaut in die Luft) diese ganzen … die Klassenkärtchen, wo die Kinder so Klassendienste haben …" (8.2 Transkription Interview 1, S. 100, Zeile 99-101)	All jene Absätze, die Lernunterlagen und andere, im Unterricht verwendete, Produkte von Oups erwähnen. Auch andere Materialien fallen unter diese Kategorie.
K4: Umsetzung	Konkreter Einsatz der Materialien und Durchführung der Stunden.	„Wir haben Plakate … an der Wand hängen gehabt … mit … Regeln, Umgangsformen und Werten und die hat man	Beinhaltet alle Beschreibungen, wie, wann und in welchem Ausmaß das Konzept im Unterricht eingesetzt

		immer wieder einfach miteinbezogen, wenn es Probleme gegeben hat auch." (8.4 Transkription Interview 3, S. 115, Zeile 120-122)	wird.
K5: Reaktionen	Reaktionen der Kinder, Eltern und anderer Lehrkräfte	„... von der Mama die Rückmeldung, die dann sagt: ‚Menschenskinder das wahr vielleicht toll, weil heute ist er heimgekommen und hat gesagt, mensch Mama ich find das toll, dass du mir das Mittagessen immer herrichtest' oder so was zum Beispiel. Ja und da- das sagen mir dann die Mütter schon ab und zu, dass die Kinder das einfach auch machen" (8.3 Transkription Interview 2, S. 110-111, Zeile 234-239)	Sichtbare Auswirkungen des Konzepts auf die Kinder. Reaktionen und Rückmeldungen des Kollegiums und der Eltern. Wie Kinder Arbeitsaufträge ausführen und darauf reagieren.
K6: Sozialaspekte	Verweisen auf das soziale Lernen und das Sozialverhalten der Kinder in der Schule.	„Und auch diese sozialen Kompetenzen zu stärken von den Kindern. (nickt, überlegt) ... Da ja auch sehr viele sozi-	Erwähnungen von sozialen Aspekten. Beschreibung des sozialen Umgangs der Kinder untereinander.

		ale Aspekte da einfließen lässt, immer wieder und ich glaub das kann man immer mit Hilfe vom Oups, kann man das gut und anschaulich machen. Das ist jetzt auch nicht zu abstrakt für die Kinder, sag ich einmal." (8.2 Transkription Interview 1, S. 100, Zeile 86-89)	
K7: Lehrplan	Das Vorkommen der Inhalte des Konzepts im allgemeinen Volksschullehrplan.	„naja die ganzen sozialen Geschichten würde ich jetzt einmal sagen, nicht? Also ... im sozialen ... die Wertevermittlung ist ja auch ein wichtiger Aspekt im Lehrplan und von dem her gesehen" (8.2 Transkription Interview 1, S. 103, Zeile 213-215)	Vergleich mit dem allgemeinen Lehrplan der Volksschule.
K8: Transparenz	Die Art und Weise, wie die Inhalte und die Umsetzung des Konzepts den Eltern vermittelt werden.	„also von dem her, hin und wieder hat es auch einen Elternabend dazu gegeben mit (Name der Herzensbildnerin), dass sie selber informiert hat ... und	Was wissen die Eltern über die Arbeit mit dem Konzept? Wie werden sie darauf aufmerksam gemacht?

		eben auch über die … über die Homepage, über unsere Schulhomepage, wo wir immer nachher dann Fotos und dann einen Bericht eine gegeben haben, was haben wir diesmal wieder gemacht, also sie waren da eigentlich immer sehr gut involviert. " (8.4 Transkription Interview 3, S. 115-116, Zeile 155-160)	
K9: Dauer	Umfasst die Dauer, wie lange schon mit dem Konzept gearbeitet wurde, bzw. wie intensiv innerhalb der Jahre mit Oups gearbeitet wurde.	„Und somit natürlich auch in meiner Klasse … also, kann man sagen 10 Jahre circa, ja (lächelt), dass wir den Oups in unserer Klasse aufgenommen haben (lacht dabei)." (8.2 Transkription Interview 1, S. 98, Zeile 26-29)	Seit wann arbeitet man mit Oups? Wie intensiv geht man im Unterricht auf ihn ein? Jede Erwähnung an Zeitressourcen, die für das Konzept aufgebracht werden können.
K10: Fächerübergreifend	Themen und Unterrichtsinhalte werden in verschiedenen Fächern behandelt.	„Ja, das ist halt, ist halt eine andre Person, aber ob die Person jetzt letztlich … Jesus, Buddha oder Oups heißt, also	Sobald andere Fächer in Zusammenhang mit dem Konzept erwähnt werden.

		(lacht) … da stell ich mich darüber. Ja … wenn jetzt ein Kind des mit Oups gut erklären kann, dann ist das genauso in Ordnung, denk ich" (8.3 Transkription Interview 2, S. 109, Zeile 174-178)	

Tabelle 3: Kategorienbezeichnung, Definition, Ankerbeispiel und Codierregel

Ober- und Unterkategorie

	Kategorienbezeichnung	Definition der Kategorie
OK 1	Werte	Das Fundament, auf dem das soziale Miteinander einer Gesellschaft aufbaut.

	Kategorienbezeichnung	Definition der Kategorie
OK 2	Motivation	Beweggründe der Lehrkraft, weshalb das Konzept im Unterricht verwendet wird.

	Kategorienbezeichnung	Definition der Kategorie
OK 3	Verwendetes Material	Lehrmaterial und andere Oups-Produkte, welche im Unterricht verwendet werden, sowie Materialien, die zusätzlich zu Oups herangezogen werden.
UK 3.1	Oups Materialien	Alle, für Herzensbildungsstunden, verwendeten Ma-

		terialien, die aus dem Konzept „Herzensbildung mit Oups" entnommen werden, sowie andere Oups-Produkte.
UK 3.2	Weitere Materialien	Alle, für Herzensbildungsstunden, verwendeten Materialien, die nichts mit Oups zu tun haben.

	Kategorienbezeichnung	**Definition der Kategorie**
OK 4	Umsetzung	Konkreter Einsatz der Materialien und Durchführung der Stunden.
UK 4.1	Gestaltung	Beschreibung, wie das Konzept „Herzensbildung mit Oups" im Unterricht eingesetzt wird.
UK 4.2	Zeit	Beschreibung in welchen Stunden das Konzept „Herzensbildung mit Oups" Platz findet.
UK 4.3	Ausmaß	Beschreibt die Intensität, in welcher das Konzept „Herzensbildung mit Oups" unterrichtet wird und wie viel Zeit dafür aufgewendet wird.

	Kategorienbezeichnung	**Definition der Kategorie**
OK 5	Reaktionen	Reaktionen der Kinder, Eltern und anderer Lehrkräfte
UK 5.1	Eltern	Beschreibt, was die Eltern

		über das Konzept „Herzensbildung mit Oups" rückmelden.
UK 5.2	Kolleginnen und Kollegen	Beschreibt, wie das Konzept „Herzensbildung mit Oups" vom Kollegium aufgenommen und angenommen wird.
UK 5.3	Kinder	Beschreibt, wie die Kinder auf Oups und einzelne Stunden mit ihm und seiner Philosophie reagieren, sowie nachhaltig davon profitieren können.

	Kategorienbezeichnung	**Definition der Kategorie**
OK 6	Sozialaspekte	Verweisen auf das soziale Lernen und das Sozialverhalten der Kinder in der Schule.
UK 6.1	Soziales Lernen	Beschreibt, die Vermittlung angemessener Umgangsformen und Verhaltensregeln im Unterricht und in den Pausen.
UK 6.2	Umgang untereinander	Beschreibt, wie die Kinder das Konzept aufnehmen und umsetzen können.

	Kategorienbezeichnung	**Definition der Kategorie**
OK 7	Lehrplan	Das Vorkommen der Inhalte des Konzepts im allgemeinen Volksschullehrplan.
UK 7.1	Vorkommen	Vorkommen und Ausmaß

		des pädagogischen Konzepts im Lehrplan der Volksschule.
UK 7.2	Relevanz	Persönliche Äußerungen über die Verankerung des Konzepts im Lehrplan

	Kategorienbezeichnung	Definition der Kategorie
OK 8	Transparenz	Die Art und Weise, wie die Inhalte und die Umsetzung des Konzepts den Eltern vermittelt werden.
UK 8.1	Eltern	Vermittlung des pädagogischen Konzepts an die Eltern.
UK 8.2	Sonstiges	Andere Informationsquellen, die über die pädagogische Arbeit mit Oups berichten.

	Kategorienbezeichnung	Definition der Kategorie
OK 9	Dauer	Umfasst die Dauer, wie lange schon mit dem Konzept gearbeitet wurde, bzw. wie intensiv innerhalb der Jahre mit Oups gearbeitet wurde.
UK 9.1	Arbeit mit Oups	Auskunft, seit wann mit dem Konzept „Herzensbildung mit Oups" gearbeitet wird.
UK 9.2	Zeitausmaß im Unterricht	Auskunft, wann und wie lange mit dem Konzept „Herzensbildung mit Oups" im Unterricht gearbeitet wird.

UK 9.3	Zeitressourcen für das Konzept „Herzensbildung mit Oups"	Auskunft darüber, aus welchen zeitlichen Gründen (nicht) mit dem Konzept „Herzensbildung mit Oups" gearbeitet werden kann.

	Kategorienbezeichnung	**Definition der Kategorie**
OK 10	Fächerübergreifend	Themen und Unterrichtsinhalte werden in verschiedenen Fächern behandelt.

Tabelle 4: Ober- und Unterkategorien

Die Fragen im Interviewleitfaden hatten zum Ziel, dass die entsprechenden Antworten der befragten Lehrkräfte den Kategorien: *Werte, Motivation, verwendetes Material, Umsetzung, Reaktionen* und *Lehrplan* zugeordnet werden konnten. Jene Kategorien wurden also schon im Vorhinein festgelegt. Durch eine genaue Definition jener Kategorien und der Festlegung von Unterkategorien, konnten die Passagen eindeutig zugeordnet werden. Aussagen, die aufgrund umfassender Beschreibungen entstanden sind, jedoch keiner dieser Kategorien zugewiesen werden konnten, haben zu neuen Kategorien: *Sozialaspekte, Transparenz, Dauer* und *Fächerübergreifend* geführt.

Zur Beantwortung der Forschungsfragen können alle Kategorien, bis auf die induktiv entstandene Kategorie: *Dauer*, verwendet werden.

Bei den interviewten Lehrkräften handelt es sich um Pädagoginnen, die schon zwei bis zehn Jahre mit dem Konzept arbeiten bzw. gearbeitet haben. Alle berichten davon, dass die Materialien für Kinder sehr passend sind und diese schnell ansprechen. Welche Materialien verwendet werden und in welchem Ausmaß, kann nicht einheitlich festgehalten werden. So wird das Arbeitsheft „Herzensbildung mit Oups" in manchen Klassen sehr oft verwendet, während es anderen Lehrkräften nur als Ideenpool dient. „Da sind auch ganz tolle Anregungen drinnen" (Transkription Interview 2, Z. 97f.) äußert die Pädagogin im zweiten Interview.

Die Motivation der Lehrkräfte, das Konzept in ihrem Unterricht anzuwenden, wird mit dem Ziel beschrieben, die Kinder zu einem liebevolleren Umgang miteinander hinzuführen sowie den Kindern Werte zu vermitteln (vgl. Transkription Interview 1, Z. 84 & Transkription Interview 2, Z. 43f.). Dabei wird in allen Interviews beteuert, dass nur der tägliche Gebrauch und das konsequente Erinnern an die gelernten Inhalte zum sichtbaren und spürbaren Erfolg führen. Doch wie das Konzept täglich eingesetzt wird, variiert. Während Interviewpartnerin 2

Alltagssituationen mit Hilfe von Oups aufgreift, definiert Interviewpartnerin 1 Oups als „große Grundlage" (Transkription Interview 1, Z. 43) des Sachunterrichts, auf den jedoch nicht immer verwiesen wird, wenn es Probleme in der Klasse gibt (vgl. Transkription Interview 2, Z. 65f. & Transkription Interview 1, Z. 132f.). Interviewpartnerin 3 erwähnt Plakate und andere Materialien, die „man immer wieder einfach miteinbezogen" (Transkription Interview 3, Z. 119f.) hat, auch bei Problemen. Es kann festgehalten werden, dass alle Interviewpartnerinnen das Konzept immer wieder in ihren Unterricht einfließen lassen. Bei allen Interviews wird das Wertelehren anhand des Konzepts angesprochen, was zu dem Schluss führt, dass das Konzept als Wertevermittlungskonzept (siehe 2.4 Modelle schulischer Werteerziehung) seine Funktion erfüllt. Interviewpartnerin 1 beschreibt dies mit den Worten: „Das ist jetzt auch nicht zu abstrakt für die Kinder, sag ich einmal." (Transkription Interview 1, Z. 89f.) Es findet also eine Wertevermittlung auf kindgerechter Verständnisbasis statt, wobei, an diesem Punkt, wieder auf die Ungereimtheit der Wertebildung von Spitzer (2002) und Liebertz (2004) erinnert werden sollte (siehe 2.4 Modelle schulischer Werteerziehung). Das Konzept bietet die erforderlichen Erfahrungsräume an, die zu einer umfangreichen Wertebildung der Kinder notwendig sind.

Folgende Materialien werden von allen drei Pädagoginnen verwendet: Puppe, Bücher, Plakate bzw. Poster. Es berichten auch alle von Lesungen mit dem Autor der Oups-Geschichten. Dabei ist festzuhalten, dass es nur der Initiative der Lehrkraft benötigt, um eine solche Lesung in der Schule zu ermöglichen: „das Kollegium hat auch gleich ... muss ich sagen, ganz freudig zugestimmt, als ich gesagt habe: wir könnten doch den Herrn H. einmal einladen [...] die Lesung ist auch sehr gut angekommen" (Transkription Interview 2, Z. 10f.).

Während bei den Interviews 1 und 3, zusätzlich zum eigenen Unterricht, eigene Herzensbildungsstunden angeboten wurden, kann Interviewpartnerin 2 nicht auf ein solches Angebot zurückgreifen. Aufgrund des, in Interview 1 und 3, erwähnten Angebots von Herzensstunden mit einer Herzensbildnerin (vgl. Transkription Interview 1, Z. 159f.) wurden die Schulleitbilder der Schulen auf Hinweise zur Wertevermittlung und Herzensbildung durchsucht. Während die Schule von Interviewpartnerin 2 Grundwerte anführt, denen der tägliche Unterricht unterliegt, führt die andere Schule 10 Wünsche der Kinder an, an denen sich das Schulleben orientiert (Grundschule Halblech, o. J., o. A. und Volksschule St. Oswald, o. J., o. A.). Ein direkter Verweis auf das pädagogische Konzept „Herzensbildung mit Oups" ist in beiden Leitbildern nicht zu finden. Interessante Schlüsse lassen sich aus dem Verhalten der Kinder ziehen. Interviewpartnerin 1 antwortet auf die Frage, ob durch das Konzept eine Verhaltensveränderung der Kinder in den Pausen zu sehen wäre, mit einem klaren: „Nein", fügt jedoch gleich hinzu: „In der anderen Klasse habe ich das schon sehr wohl viel mehr bemerkt, weil wir einfach viel mehr daran gearbeitet haben." (Transkription Interview 1, Z. 115f.) Interviewpartnerin 2 antwortet auf diese Frage: „Langfristig: Ja!" (Transkription Interview 2, Z. 106) und Interviewpartnerin 3 spricht ebenfalls von einer erkennbaren Verhaltensänderung (vgl. Transkription Interview 3, Z. 126f.). Diese drei Aussagen werden von der Erkenntnis von Schubarth et al. (2010) bestätigt, die das Zusammenspiel von Theorie, Praxis und Reflexion beschreibt (siehe 2.6 Vermittlung von Werten im schulischen Kontext). Nur durch regelmäßigen Gebrauch und Verweis auf das Konzept, können Verhaltensveränderungen beobachtet werden. Im Gegensatz zu Rückmeldungen der Kolleginnen bzw. Kollegen „Einige arbeiten auch damit und - oder fragen mich dann, ja, hast du wieder die netten Bildchen dabei?'" (Transkription Interview 2, Z. 129f.) berichten alle Interviewpartnerinnen von eher verhaltenen Reaktionen und Rückmeldungen der Eltern: „Wenig" (Transkription Interview 2, Z. 136); „die Eltern [...] o ja ich glaube schon auch, dass die, sie haben es zumindest sehr geschätzt und ... und wollten von Jahr zu Jahr, dass wir wieder weiter machen" (Transkription Interview 3, Z. 186f.).

Auffallend ist, dass alle drei Interviewpersonen über die Präsenz der, im Lehrplan festgehaltenen, Inhalte des Konzepts wenig bescheid wissen. „Und wi(e)weit das im Lehrplan verankert ist [...] muss ich Ihnen ganz ehrlich sagen [...], weiß ich nicht." (Transkription Interview 1, Z. 221f.); „hab den Lehrplan jetzt ... muss ich gestehen, nicht so in [...] den Einzelheiten im Kopf jetzt" (Transkription Interview 2, Z. 157f.); „Naja beim sozialen Lernen, des Sachunterrichts sind sie sicher drinnen, aber halt nicht so detailliert" (Transkription Interview 3, Z. 198f.) Einer Präsenz sind sich aber alle sicher, jedoch kann durch die detaillierte Lehrplan-Recherche, eine gar nicht so geringe Menge an Anführungen verzeichnet werden, auf die sich auch das pädagogische Konzept „Herzensbildung mit Oups" beziehen kann (siehe 3.4 Das Konzept im Vergleich zum Österreichischen Lehrplan für Volksschulen).

5.1 Resümee

Bei der Auswertung der Interviews konnten folgende Kategorien herausgearbeitet werden:

Werte, Motivation, verwendetes Material, Umsetzung, Reaktionen, Sozialaspekte, Lehrplan, Transparenz, Dauer, Fächerübergreifend

Während die Kategorien: *Werte, Motivation, verwendetes Material, Umsetzung, Reaktionen* und *Lehrplan* deduktiv entstanden sind, wurden die Kategorien: *Sozialaspekte, Transparenz, Dauer* und *Fächerübergreifend* induktiv erstellt. Alle Kategorien, bis auf die Kategorie *Dauer* konnten zur Beantwortung der Forschungsfragen herangezogen werden.

Die Interviews haben ergeben, dass die interviewten Lehrpersonen sehr gerne mit dem Konzept arbeiten und eine geeignete Möglichkeit darin sehen, den Kindern wichtige, grundlegende Werte zu vermitteln. Dabei ist es irrelevant, wie das Konzept im Unterricht umgesetzt wird. Da es sich um drei verschiedene Klassenlehrpersonen handelt, wird der Unterricht entsprechend unterschiedlich gestaltet, was in der Verwendung der Materialien und dem alltäglichen Gebrauch des Konzepts festzustellen ist. Selbst das Arbeitsheft, als schriftliche Basis des Konzepts, wird nicht in allen Klassen zur Umsetzung verwendet. Alle drei Pädagoginnen betonen, dass nur durch regelmäßiges Wiederholen eine Verbesserung des sozialen Verhaltens der Schülerinnen und Schüler zu verzeichnen ist. Das besagte Konzept hebt sich in diesem Punkt also nicht von anderen Wertevermittlungskonzepten ab. Obwohl der Lehrplan durchaus Ziele des Konzepts anführt, ist die allgemeine Meinung der Lehrkräfte, dass es dort immer noch zu wenig angeführt wird, sie sich davon jedoch in ihrer Unterrichtsgestaltung nicht beirren lassen.

6 Schluss/Fazit

Nach einer intensiven Literaturrecherche über die Wertevermittlung, deren Umsetzungsfelder in den Schulen und deren Vorkommen im Lehrplan, Recherche über den Hintergrund des pädagogischen Konzepts „Herzensbildung mit Oups", dessen Schwerpunkte und Vorkommen im Lehrplan und die angewandte Forschungsmethode und deren Auswertung, wurden die geführten Interviews ausgewertet und deren Ergebnisse zusammengefasst. Abschließend werden die Forschungsfragen angeführt und bestmöglich beantwortet.

Inwieweit trägt das Konzept der „Herzensbildung mit Oups" zur Wertevermittlung in der Primarstufe bei?

Durch die literarische Auseinandersetzung mit Werten (siehe 2.2 Wertebildung) und der Wertevermittlung in Schulen (siehe 2.3 Wertevermittlung, -erziehung laut Österreichischem Lehrplan für Volksschulen & 2.6 Vermittlung von Werten im schulischen Kontext) ist klar, was unter Werten verstanden wird, welche Werte laut Lehrplan vermittelt werden sollen und in welchem Rahmen diese in den Schulen vermittelt werden können. Das Engagement der Lehrperson spielt dabei eine wichtige Rolle (siehe 2.5.2 Die Lehrperson). Die befragten Lehrpersonen, die reichliche Erfahrungen mit dem Konzept sammeln konnten, geben einheitlich zur Auskunft, dass das Konzept sehr gut zur Wertevermittlung in der Primarstufe geeignet ist (siehe 5 Auswertung). Den Kindern werden auf kindgerechte Weise Grundwerte beigebracht. Sie können sich in die Kunstfigur hineinversetzen, was ihnen kaum schwer fällt, und Situationen von einer anderen Perspektive aus betrachten, wodurch ein überlegteres Handeln entsteht.

Welche Werte können durch dieses Konzept vermittelt werden?

Aus den Konzeptschwerpunkten sowie aus den Interviews lassen sich folgende Werte finden, die anhand der „Herzensbildung mit Oups" vermittelt werden:

Selbstwert, Respekt, Empathie, Hilfsbereitschaft, Liebe & Frieden, Wertschätzung, Umweltbewusstsein, soziales Handeln, Ganzheitlichkeit, Zielstrebigkeit (siehe 2.6 Vermittlung von Werten im schulischen Kontext; 3.2 Vorstellung und Beschreibung des pädagogischen Konzepts; 3.3 Schwerpunktsetzungen im Rahmen des Konzepts).

Nur durch den täglichen Einfluss und den Bezug zur Lebenswelt der Kinder, können diese Werte mit Hilfe des Konzepts gefestigt werden.

Wie wird dieses Konzept in der Primarstufe umgesetzt?

Der Lehrplan sieht hauptsächlich den *Erfahrungs- und Lernbereich Gemeinschaft* im Sachunterricht zur Vermittlung der zuvor genannten Werte vor. Doch auch ganz zu Beginn des Lehrplans, sowie bei den *allgemeinen didaktischen Grundsätzen*, wird die Lehre der sozialen Kompetenzen explizit erwähnt, was die Lehrkräfte an die Bedeutung jener Inhalte erinnern möchte. Obwohl der Lehrplan fast alle Ziele des Konzepts in zusammengefasster und umschriebener Form beinhaltet (siehe 3.4 Das Konzept im Vergleich zum Österreichischen Lehrplan für Volksschulen), fehlen Vermerke des sozialen Lernens in Fächern wie Mathematik, Musikerziehung oder der lebenden Fremdsprache. Nur bei Gruppen- oder Partnerübungen wird kurz auf ein kooperatives Arbeiten hingewiesen.

Die befragten Pädagoginnen setzen das Konzept individuell und somit ganz unterschiedlich um. Vom täglichen Gebrauch durch Einbeziehung von Oups in Konfliktsituationen an Wänden hängende Plakate, Geburtstagskalender und –rituale, über einzelne ausgearbeitete Stunden – mit Hilfe des Arbeitsbuches bzw. in Anlehnung daran –, in eigenen Herzensbildungsstunden mit eigener Herzensbildnerin oder auch in Kombination mit anderen Konzepten, ist alles dabei (siehe 5 Auswertung). Bei der Umsetzung sind die Felder schulischer Wertevermittlung zu beachten, die das Vermittlungsfeld eingrenzen (siehe 2.5 Felder der Werteerziehung in Schulen).

Wie wirkt sich dieses Konzept laut Einschätzung der Pädagoginnen bzw. Pädagogen auf das Verhalten der Schülerinnen und Schüler aus?

Eine positive Verhaltensänderung der Kinder, im sozialen Miteinander bzw. im Umgang mit sich selbst und der Umwelt, kann nur dann verzeichnet werden, wenn das Konzept alltäglich angewendet und dessen Inhalte immer wieder in Erinnerung gerufen werden. Vor allem in Integrationsklassen kann ein solcher Erfolg beobachtet werden. Die Änderungen äußern sich im täglichen Grüßen in der Klasse, am Gang oder wenn schulfremde Personen die Klasse betreten, im gegenseitigen Zuhören und in die Augen Schauen sowie in wertschätzenden Worten daheim. Wird nicht ausreichend mit Oups gearbeitet, so kann keine Verhaltensänderung bei den Kindern verzeichnet werden.

Welche Ziele der „Herzensbildung mit Oups" werden auch im allgemeinen Lehrplan der Grundschule angeführt?

Das Konzept möchte die Kinder dazu bringen:

- ihre eignen Stärken zu nutzen.

- Konfliktsituationen so früh wie möglich zu erkennen und bestmöglich zu lösen. Dazu bedarf es Vertrauen zu Mitschülerinnen und Mitschülern, sowie zu der Lehrkraft.

- ihre Gefühle zu erkennen und aktiv beeinflussen zu können. Dadurch steigert sich die Lernfähigkeit der Kinder und sie sind fähig, Mitgefühl anderer Menschen entgegenzubringen, was zu Respekt und gegenseitigem Verstehen führt.

- zu erkennen, dass gegenseitiges Helfen beiden Seiten nützt und zu einem positiven Arbeitsklima führt.

- zu erkennen, dass Wertschätzung positive Emotionen hervorruft und zu anerkennendem Respekt hinführt.

- sich Ziele zu setzen und sie durch Problemlösungsstrategien zu erreichen.

- der Natur achtsam und respektvoll zu begegnen.

Im Lehrplan werden fast alle dieser Ziele, in umschriebener Form, angeführt. Hauptsächlich im Sachunterricht wird man fündig, jedoch bietet auch der erste Teil „Allgemeines Bildungsziel" (Lehrplan der Volksschule, 2012, S. 9) Anmerkungen, die das Konzept bestätigen. Beispielsweise soll ausreichend Zeit und Raum zur Verfügung stehen, um die Kinder ihre Stärken finden und ausbauen zu lassen. Die Konfliktbewältigung kann daher als ein Ziel des Lehrplans als auch des pädagogischen Konzept „Herzensbildung mit Oups" angeführt werden. Das Konzept als auch ein eigenes Unterkapitel im Lehrplan geben das soziale Lernen als Ziel an. Der Lehrplan begeistert mit seinen Vermerken, die bei der Auswahl und Gewichtung der Lehrinhalte auf Ausgewogenheit und die Berücksichtigung des Zusammenhangs von emotionaler, sozialer, intellektueller und körperlicher Bildung hinweisen. Das Konzept wird dadurch ausdrücklich gerechtfertigt. Spannend ist auch die Entdeckung, dass im Lehrplan auf die aufbauende Entwicklung des Kindes aufmerksam gemacht wird und so wie bei dem Konzept, von einer ICH-DU-Beziehung über ein WIR-Bewusstsein zur gemeinsamen Verantwortung aller für alle gesprochen wird. Eines der beiden Ziele, die weder wörtlich noch thematisch im Lehrplan angeführt werden, ist das freudvolle Lernen im Unterricht. Auch die Verbreitung von Liebe und Frieden, die Hauptbotschaft von Oups, sucht man im Lehrplan vergebens.

Die meisten Ziele des Konzepts sind im Lehrplan zu finden, wobei unvermutet oft auf soziales Lernen, Wertebildung und den Zusammenhang von Emotion und Kognition hingewiesen wird.

7 Literaturverzeichnis

Printversion

Barysch, K. N. (2016). Selbstwirksamkeit. In. D. Frey (Hrsg.), *Psychologie der Werte_Von Achtsamkeit bis Zivilcourage – Basiswissen aus Psychologie und Philosophie* (S. 201–211). Berlin Heidelberg: Springer-Verlag

Boer, H. & Deckert-Peaceman, H. (Hrsg.). (2009). *Kinder in der Schule_Zwischen Gleichaltrigenkultur und schulischer Ordnung*. Wiesbaden: VS Verlag für Sozialwissenschaften | GWV Fachverlage GmbH

Bohnsack, R., Geimer, A. & Meuser, M. (Hrsg.). (2018). *Hauptbegriffe Qualitativer Sozialforschung*. Verlag Barbara Budrich, Opladen & Toronto

Bönsch, M. (2012). *Gemeinsam verschieden lernen_Lernen in heterogenen Gruppen; Angebote zur Differenzierung und Individualisierung; Für alle Jahrgangsstufen*. Berlin: Cornelsen Verlag

Braun, K. & Wetzel, K. (2006). *Soziale Arbeit in der Schule*. München: Ernst Reinhardt, GmbH & Co KG, Verlag

Cuddy, B., Sullivan, K., Viner, S. & Whitehead, S. (2008). *Hunde*. München: Bassermann Verlag

Dallwitz-Wegner, D. (2016). *Unternehmen positiv gestalten_Einstellungs- und Verhaltensänderung als Schlüssel zum Unternehmenserfolg*. Wiesbaden: Springer Gabler

De Boer, H. (2009). Peersein und Schülersein – ein Prozess des Ausbalancierens. In. H. Deckert-Peaceman (Hrsg.), *Kinder in der Schule_Zwischen Gleichaltrigenkultur und schulischer Ordnung* (S. 105–117). Wiesbaden: VS Verlag für Sozialwissenschaften |GWV Fachverlage GmbH

Döring, N. & Bortz, J. (2016). 5. Auflage. *Forschungsmethoden und Evaluation in den Sozial- und Humanwissenschaften*. Berlin Heidelberg: Springer-Verlag

Freiherr von Knigge, A. (2000). *Über den Umgang mit Menschen*. Insel, Ffm.

Fuhs, B., Wigger, L. (Hrsg.), Vogel, P. (Hrsg.) (2007). *Qualitative Methoden in der Erziehungswissenschaft*. Darmstadt: Wissenschaftliche Buchgesellschaft

Funk, L. (2016). Empathie. In. In. D. Frey (Hrsg.), *Psychologie der Werte_Von Achtsamkeit bis Zivilcourage – Basiswissen aus Psychologie und Philosophie* (S. 53–65). Berlin Heidelberg: Springer-Verlag

Gläser-Zikuda, M. (2015). In. Reinders, H., Ditton, H., Gräsel, C. & Gniewosz, B. (Hrsg.), *Empirische Bildungsforschung_Strukturen und Methoden* (S. 119–130). Wiesbaden: Springer Verlag.

Götzinger, M. & Kirsch, D. (2004). Nachdruck 2018. *Grundschulkinder werden Streitschlichter.* Mülheim an der Ruhr: Verlag an der Ruhr

Haller, M. & Müller Kmet, B. (2019). Die Wertorientierungen der Österreicher_innen – eine Analyse auf Basis des Wertemodells von S.H. Schwartz. In J. Bacher (Hrsg.), Sozialstruktur und Wertewandel in Österreich (51–70). Wiesbaden: Springer Fachmedien Wiesbaden GmbH.

Hawkins, K. (2018). *Achtsame Lehrer – achtsame Schule.* Freiburg: Arbor Verlag GmbH

Hörtenhuber, K. (2002). 14. Auflage. *Oups vom Planeten der Herzen.* Ried im Innkreis, Austria: werteART Verlag GmbH

Jansen, P. & Kunze, P. (2019). *Bildung braucht Liebe_Wie Heranwachsende auf ein erfülltes Leben vorbereitet werden können.* Freiburg: Arbor Verlag GmbH

Johnson, D. W., Johnson, R. T., Holubec, E. J. (2002). *Kooperatives Lernen - Kooperative Schule_Tipps - Praxishilfen – Konzepte.* Mühlheim an der Ruhr: Verlag an der Ruhr

Jünemann, A. K. (2016). Selbstwert und Selbstvertrauen. In. D. Frey (Hrsg.), *Psychologie der Werte_Von Achtsamkeit bis Zivilcourage – Basiswissen aus Psychologie und Philosophie* (S. 188–199). Berlin Heidelberg: Springer-Verlag

Keysers, C. (2011). *Unser empathisches Gehirn_Warum wir verstehen, was andere fühlen.* München: C. Bertelsmann Verlag

Kohlmann, F. (2016). Nächstenliebe. In. D. Frey (Hrsg.), *Psychologie der Werte_Von Achtsamkeit bis Zivilcourage – Basiswissen aus Psychologie und Philosophie* (S. 117–123). Berlin Heidelberg: Springer-Verlag

Köhler, E. (2016). Toleranz. In. D. Frey (Hrsg.), *Psychologie der Werte_Von Achtsamkeit bis Zivilcourage – Basiswissen aus Psychologie und Philosophie* (S. 225–235). Berlin Heidelberg: Springer-Verlag

Kuschel, H. (2016). Achtsamkeit. In. D. Frey (Hrsg.), *Psychologie der Werte_Von Achtsamkeit bis Zivilcourage – Basiswissen aus Psychologie und Philosophie* (S. 13–24). Berlin Heidelberg: Springer-Verlag

Liebertz, C. (2004). 10. Auflage 2018. *Das Schatzbuch der Herzensbildung: Grundlagen, Methoden und Spiele zu EMOTIONALEN INTELLIGENZ*. München: Don Bosco Medien GmbH

Lindner, L. (2016). Respekt. In. D. Frey (Hrsg.), *Psychologie der Werte_Von Achtsamkeit bis Zivilcourage – Basiswissen aus Psychologie und Philosophie* (S. 167–175). Berlin Heidelberg: Springer-Verlag

Maschke, S. & Stecher, L. (2010). *In der Schule_Vom Leben, Leiden und Lernen in der Schule*.

Mattes, W. (2011). *Methoden für den Unterricht: Kompakte Übersichten für Lehrende und Lernende*. Paderborn: Westermann Schroedel Diesterweg Schöningh Winklers GmbH

Mayring, P. (2010). 12. Auflage 2015. *Qualitative Inhaltsanalyse*. Bad Langensalza: Beltz Bad Langensalza GmbH

Parucha, N. (2014). *Meditatives Wandern_Bewusste und achtsame Übungen in der Natur*. Berlin: Ullstein Buchverlage GmbH

Petillon, H. (2002). Vorschlag für eine Systematisierung der Inhaltsbereiche grundschulpädagogischer Forschung. In H. Petillon (Hrsg.), *Individuelles und soziales Lernen in der Grundschule – Kinderperspektive und pädagogische Konzepte* (S. 13–23). Wiesbaden: Springer Fachmedien.

Portmann, R. (2009). 11. Auflage 2017. *Die 50 besten Spiele für mehr Sozialkompetenz*. München: Don Bosco Medien GmbH

Reinders, H. (2015). Interview. In. Reinders, H., Ditton, H., Gräsel, C. & Gniewosz, B. (Hrsg.), *Empirische Bildungsforschung_Strukturen und Methoden* (S. 93–107). Wiesbaden: Springer Verlag.

Reinders, H. & Ditton, H. (2015). Überblick Forschungsmethoden. In. Reinders, H., Ditton, H., Gräsel, C. & Gniewosz, B. (Hrsg.), *Empirische Bildungsforschung_Strukturen und Methoden* (S. 49–56). Wiesbaden: Springer Verlag.

Schmitz, B. & Wiese, B. (1999). Eine Prozeßstudie selbstregulierten Lernverhaltens im Kontext aktueller affektiver und motivationaler Faktoren. In: *Zeitschrift für Entwicklungspsychologie und Pädagogische Psychologie*, Jg. 31, H. 4, S. 157-170

Schubarth, W., Speck, K. & von Berg, H. L. (Hrsg.) (2010). *Wertebildung in Jugendarbeit, Schule und Kommune_Bilanz und Perspektiven*. Wiesbaden: VS Verlag für Sozialwissenschaften | Springer Fachmedien Wiesbaden GmbH

Spitzer, M. (2002). *Lernen_Gehirnforschung und die Schule des Lebens*. Heidelberg, Berlin: Spektrum Akademischer Verlag GmbH

Standop, J. (2005). *Werteerziehung_Einführung in die wichtigsten Konzepte der Werteerziehung*. Weinheim und Basel: Beltz Verlag

Standop, J. (2013). Die Grundschule als ein Ort grundlegender Wertebildung. In A. Erbes, C. Giese & H. Rollik (Hrsg.), *Werte und Wertebildung in Familien, Bildungsinstitutionen, Kooperationen_Beiträge aus Theorie und Praxis* (S. 39–51). Berlin: Deutsches Rotes Kreuz e. V.

Stöckler, M. & Hörtenhuber, K. (2016). *Herzensbildung mit Oups_Arbeitsheft*. Ried im Innkreis: werteART Verlag GmbH

Stöckler, M. & Hörtenhuber, K. (2016). *Herzensbildung mit Oups_Begleitheft*. Ried im Innkreis: werteART Verlag GmbH

Urs Sommer, A. (2016). *Werte. Warum man sie braucht, obwohl es sie nicht gibt*. Stuttgart: J. B. Metzler Verlag GmbH

Wilson, E. O. (2013). *Die soziale Eroberung_Eine biologische Geschichte des Menschen*. München: Verlag C.H.Beck oHG

Zygar, C. & Angus, J. (2016). Dankbarkeit. In. D. Frey (Hrsg.), *Psychologie der Werte_Von Achtsamkeit bis Zivilcourage – Basiswissen aus Psychologie und Philosophie* (S. 37–52). Berlin Heidelberg: Springer-Verlag

Elektronische Version

Befuss, T (2020). *Pädagogische Konzepte: Das sind Schwerpunkte der Erziehung*. Abgerufen am 12.4.2021 von https://praxistipps.focus.de/paedagogische-konzepte-das-sind-die-schwerpunkte-der-erziehung_124430

Daschner, P. & von der Groeben, A. (2014). Umgangsformen in der Schule_Den Umgang formen? *Pädagogik (ISSN 0933-422X) 12*(14), 6 – 9.

Hackl, A. (2011) Konzepte schulischer Werteerziehung. In A. Hackl (Hrsg.), O. Steenbuck (Hrsg.), G. Weigand (Hrsg.), *Werte schulischer Begabtenförderung. Begabungsbegriff und Werteorientierung, 3.* (S. 19–15). Frankfurt: Karg-Stiftung. URN: urn:nbn:de:0111-opus-91252

Hinghofer-Szalkay, H. (o. J.) *Frontalhirn*. Abgerufen am 21.4.2021 unter http://physiologie.cc/XVI.4.htm

Maier-Hauser, H. (2000) Lieben-ermutigen-loslassen_Erziehen nach Montessori. Weinheim und Basel: Beltz Verlag

Stangl, W. (2015). *Konstanzer Methode der Dilemma-Diskussion-KMDD*. Abgerufen am 16.4.2021 von https://lexikon.stangl.eu/13618/konstanzer-methode-der-dilemma-diskussion-kmdd#:~:text=Im%20Mittelpunkt%20der%20Konstanzer%20Methode,bei%20der%20Konsta nzer%20Methode%20der

Steuten, U. (2011) „Viel Spaß in der Schule" – Schulische Rituale als Instrumente sanfter Zurichtung. *Der pädagogische* Blick (ISSN 0943-5484), Ausgabe 3, 158 – 167

Textor, M. R. Rezension vom 12.08.2003 zu: Wolfgang Brezinka: Erziehung und Pädagogik im Kulturwandel. Ernst Reinhardt Verlag (München) 2003. ISBN 978-3-497-01628-0. In: socialnet Rezensionen, ISSN 2190-9245, https://www.socialnet.de/rezensionen/875.php, Datum des Zugriffs 16.04.2021.

Institution/Organisation als Autor bzw. Autorin/Herausgeber bzw. Herausgeberin

Abbildung 1: OUPS Buch – Planeten der Herzen abgerufen am 26.8.2021 von der Website https://www.oups.com/oups-buch-planeten-der-herzen-3-902763-21-1.html

Abbildung 2: Herzensübungen mit Oups | Herzensbildung mit Oups abgerufen am 26.8.2021 von der Website

https://www.oups.com/blog-herzensbildung/herzensuebungen-mit-oups/

Abbildung 3: Herzensübungen | Herzensbildung mit Oups abgerufen am 26.8.2021 von der Website

https://www.oups.com/blog-herzensbildung/tag/herzensuebungen/

Abbildung 4: Herzensrituale | Herzensbildung mit Oups abgerufen am 26.8.2021 von der Website

https://www.oups.com/blog-herzensbildung/category/herzensbildung/

Bundeskanzleramt Österreich (Hrsg.) (2019). *15. Landökosysteme schützen, wiederherstellen und ihre nachhaltige Nutzung fördern, Wälder nachhaltig bewirtschaften, Wüstenbildung bekämpfen, Bodendegradation beenden und umkehren und dem Verlust der biologischen Vielfalt ein Ende setzen.* Abgerufen am 2.8.2021 von https://www.bundeskanzleramt.gv.at/themen/nachhaltige-entwicklung-agenda-2030/ziele-der-agenda-2030/ziel-15-leben-an-land.html

Bundeskanzleramt Österreich (Hrsg.) (2019). *17. Umsetzungsmittel stärken und die Globale Partnerschaft für nachhaltige Entwicklung mit neuem Leben erfüllen.* Abgerufen am 2.8.2021 von https://www.bundeskanzleramt.gv.at/themen/nachhaltige-entwicklung-agenda-2030/ziele-der-agenda-2030/ziel-17-partnerschaften-zur-erreichung-der-ziele.html

Duden. Berlin: Bibliographisches Institut GmbH. Abgerufen am 1.12.2020 von https://www.duden.de/rechtschreibung/Vertrag

Europäische Werte Akademie gemeinnützige UG (haftungsbeschränkt) (EUWEA) (Hrsg.) (2014-2021). *Alle Werte – Lexikon*. Abgerufen am 2.8.2021 von https://www.wertesysteme.de/alle-werte-definitionen/

Europäische Werte Akademie gemeinnützige UG (haftungsbeschränkt) (EUWEA) (Hrsg.) (2014-2021). *Was sind Werte?* Abgerufen am 2.8.2021 von https://www.wertesysteme.de/was-sind-werte/

European Ethika Network (EEN) (Hrsg.). (2017). *Ethik-unterrichten – Werte*. Abgerufen am 2.8.2021 von https://ethik-unterrichten.de/lexikon/werte/

Grundschule Halblech (o. J.). *Leitbild*. Abgerufen am 26.8.2021 von https://www.grundschule-halblech.de/leitbild.html

Internet-Märchen (o. J.) Der Schatz am Rande des Regenbogens. Abgerufen am 9.12.2020 unter https://internet-maerchen.de/maerchen/schatz-regenbogen.htm

Lehrplan der Volksschule_BGBl. Nr. 134/1963 in der Fassung BGBl. II Nr. 303/2012 vom 13. September 2012. Abgerufen am 13.11.2020 von www.bmbwf.gv.at › dam › lp_vs_gesamt_14055PDF

Lehrplan für den katholischen Religionsunterricht an der Volksschule. (2013). Abgerufen am 26.4.2021 von https://www.schulamt.at/wp-content/uploads/2019/01/Volksschule_LP_2014.pdf

Österreichisches Zentrum für Kriminalprävention (Hrsg.) (o. J.). *Mein Körper gehört mir – Vorstellung*. Abgerufen am 2.8.2021 von https://www.aktiv4u.at/programme/mein-koerper-gehoert-mir/

Volksschule St. Oswald (o. J.). *Leitbild*. Abgerufen am 26.8.2021 von http://www.vsstoswald.ac.at/Schule_Bildung/Volksschule/Unsere_Schule/Leitbild

8 Anhang

8.1 Interviewleitfaden

Meine Forschungsfragen:

1. Inwieweit trägt das Konzept der „Herzensbildung mit Oups" zur Wertevermittlung in der Primarstufe bei?
2. Welche Werte können durch dieses Konzept vermittelt werden?
3. Wie wird dieses Konzept in der Primarstufe umgesetzt?
4. Wie wirkt sich dieses Konzept laut Einschätzung der Pädagoginnen bzw. Pädagogen auf das Verhalten der Schülerinnen und Schüler aus?
5. Welche Ziele der „Herzensbildung mit Oups" werden auch im allgemeinen Lehrplan der Grundschule angeführt?

Gesprächsleitfaden

Experteninterviews mit Pädagoginnen bzw. Pädagogen, die nach dem Konzept von **„Herzensbildung mit Oups"** arbeiten

Vielen Dank, dass Sie sich für dieses Interview Zeit nehmen. Im Zuge meiner Masterarbeit beschäftige ich mich mit der Herzensbildung in der Primarstufe und konkret mit dem pädagogischen Konzept „Herzensbildung mit Oups". Um dessen Auswirkungen zu definieren, ist die praktische Umsetzung des Konzepts im Klassenzimmer von essentieller Bedeutung.

Wie vorab besprochen, wird dieses Interview für die Auswertung aufgezeichnet und selbstverständlich werden alle Aufzeichnungen anonymisiert.

1) <u>Als Erstes würde ich gern erfahren, seit wann Sie mit dem pädagogischen Konzept „Herzensbildung mit Oups" arbeiten?</u>
   <u>Was spricht Sie persönlich bei diesem Konzept an?</u>

2) <u>Weshalb haben Sie sich dafür entschieden, mit diesem Konzept in Ihrer Klasse zu arbeiten? Welche Erwartungen/Ziele verbinden Sie damit?</u>

3) <u>Wie setzen Sie dieses Konzept in ihrer Klasse um? Welche Materialien/Methoden verwenden Sie? Wann werden sie angewendet? (geplant/intuitiv)</u>

Verwenden Sie das Arbeitsheft „Herzensbildung mit Oups"? Wann? Wie oft?
Wie reagieren die Kinder auf diese Methoden? Welche Veränderungen nehmen Sie
an den Kindern wahr?

a) Wie verhalten sich die Kinder in der Pause?
b) Wie gehen die Kinder mit Konflikten in der Klasse um?
c) Helfen sich die Kinder gegenseitig?

4) Inwieweit sind Ihre Kolleginnen und Kollegen bzw. die Eltern über Ihre Arbeit mit dem Konzept informiert? Welche Rückmeldungen geben sie? Welche Veränderungen können sie bzgl. des Verhaltens der Kinder feststellen?

5) Inwieweit finden sich Ihres Erachtens die Ziele/ Werte des Konzepts von Oups im Volksschullehrplan wieder?

6) Gibt es noch etwas, das Sie gerne ansprechen möchten? Ewas das vielleicht noch nicht thematisiert wurde?

Vielen Dank, dass Sie sich für dieses Interview Zeit genommen haben. Wenn Sie an meiner Masterarbeit interessiert sind, werde ich Ihnen die fertiggestellte Arbeit in digitaler Form zukommen lassen. Ich wünsche Ihnen weiterhin alles Gute und noch einen angenehmen Tag.

8.2 Transkription Interview 1

1　I: Also nochmal vielen Dank, dass Sie sich bereiterklärt haben, mir ein paar

2　Fragen zu beantworten, im Zuge meiner Masterarbeit. Ich bin ganz

3　glücklich, dass ich ein paar gefunden habe (lächelt).

4　LP1: Ich hoffe- ich hoffe ich kann helfen (lacht). Also ich bin mir nicht so

5　sicher, aber kein Pr- schauen wir einmal (lacht).

6　I: Aber ja. Ich bin zuversichtlich (lacht). Ja also im Zuge meiner Masterarbeit

7　beschäftige ich mich mit der Herzensbildung in der Primarstufe und speziell

8　mit dem pädagogischen Konzept „Herzensbildung mit Oups", also wie Oups

9　eingesetzt wird im Unterricht. Und in diesem Zuge wollte ich ein paar

10　praktische Erfahrungen in die Arbeit mit einfließen lassen, dass man weiß

11　wie das Theoretische auch in der Klasse funktioniert und was für

12　Erfahrungen es da gibt. Ja, wie vorab besprochen bzw. geschrieben, wird

13　dieses Interview für die Auswertung aufgezeichnet und selbstverständlich

14　werden alle Aufzeichnungen anonymisiert.

15

16　**I: Ich beginn gleich mit der ersten Frage und zwar: seit wann arbeiten Sie**

17　**mit dem pädagogischen Konzept „Herzensbildung mit Oups"?**

18　LP1: Also, puh (lächelt, überlegt, schaut in die Luft). Ja schon sehr viele

19　Jahre eigentlich, also … ich würd sagen (überlegt) wir haben … Ich hab

20　vorher eine Integrationsklasse gehabt, ich mein das haben sie glaub ich eh

21　gesehen, dieses Video, das ihnen meine Kollegin geschickt hat. Ich weiß

22　nicht ob sie sich das angeschaut haben?

23　I: (nickt) Ja

24　LP1: Da haben wir das eigentlich 4 Jahre sehr stark praktiziert. Und … ja also

25　sicher schon … (überlegt, schaut in die Luft) 10 Jahre?! Würde ich sagen …

26　ist der Oups eigentlich großer Bestandteil in unserer Schule. Und somit

27　natürlich auch in meiner Klasse … also, kann man sagen 10 Jahre circa, ja

28　(lächelt), dass wir den Oups in unserer Klasse aufgenommen haben (lacht

29　dabei). Also immer wieder in den verschiedenen Klassen (lacht).

30

31　I: Ok (nickt) **und was spricht Sie persönlich bei diesem Konzept an?**

32　LP1: Ah, na erstens einmal (schaut nach oben) find ich kann man ganz viele

33　Werte vom Oups weitergeben (unterstützende Bewegung mit der Hand)

34　wie er das so bringt. Und … ich mein schon alleine die Handpuppe ist sehr

35　anschaulich (lächelt) und ansprechend für die Kinder und auch das

36　Oupsinchen, das steht bei uns in der Klasse … und … ich, diese

37　Kinderbücher, ich weiß nicht ob Sie das kennen? (I nickt) Das werden Sie

38   wahrscheinlich eh kennen auch. Das ist auch immer ganz lieb, so zum
39   Einstieg und es gibt wirklich ganz viele nette … nette Anregungen (Hände
40   unterstützen) und Ideen, die man dann eigentlich gut umsetzen kann, mit
41   Hilfe vom Oups. Und ich arbeite sehr viel mit diesen Heften von
42   Herzensbildung mit Oups, die Sie ja wahrscheinlich eh auch kennen (I nickt),
43   also das ist so eine große Grundlage (Hände deuten mit) bei uns in
44   Sachunterricht, sag ich einmal und das fließt halt immer wieder in den
45   Unterricht mit ein. Also es ist jetzt natürlich nicht auschlaggebend, dass
46   man jetzt sagt nur, es besteht jetzt alles nur aus Oups (Hände deuten mit),
47   es fließt einfach immer wieder so ? immer wieder mit Oups ein. … Vor allem
48   in meiner letzten Klasse habe ich ziemlich intensiv mit ihm gearbeitet, weil
49   das eine Integrationsklasse war und auch (überlegt) relativ … (wiegt den
50   Kopf) sag ich einmal, anspruchsvolle Kinder in dieser Klasse waren und das
51   war ganz, ganz gut (Hand unterstützt) mit Hilfe des Oups quasi (lächelt) die
52   Kinder da ein bisschen zu motivieren. Und zu schauen wie, die haben da
53   einfach irrsinnig gut auf ihn reagiert, sag ich jetzt einmal, ja. Und diese Sicht
54   (Daumen und Zeigefinger deuten eine Zange, die sich umdreht) aus seinen
55   Augen, haben die dann gut übertragen können auch. Also so wie da Oups
56   das sieht wenn er auf die Welt run- von der- runter schaut auf die Erde
57   (Hände unterstützen) und wie die Menschen miteinander sind und, da kann
58   man ganz viel arbeiten. (Wiegt mit dem Kopf, überlegt) Also das sind gute
59   Ansätze, die man dann eigentlich gut funktionieren können. Oder auch zum
60   Beispiel (Hände gehen auseinander; klappen in die Mitte) diese ganzen
61   Klassenregeln … die werden von Oups aufgearbeitet und das kann man zum
62   Beispiel, heuer mach ich das (schaut in die Luft), mit der 4. Klasse. Eine 3. 4.
63   ich hab letztes Jahr eine 3. übernommen, das ist natürlich, wenn man so
64   eine Klasse übernimmt (lächelt) … das ist gar nicht so einfach irgendwann
65   noch wo … das so, besser ist man startet von der ersten an, sag ich einmal,
66   aber es ist auch mit der 3. ganz gut möglich und … heuer haben wir zum
67   Beispiel als Schwerpunkt immer (Hand unterstützt) zum Geburtstagslied
68   diese Regenbogendusche. Da darf sich dann ein Kind in die Mitte setzen
69   und wird eben (Hände deuten einen Kreis an) von den Regenbogenfarben
70   von Oups … quasi (lächelt, schaut in die Luft) umhüllt (Hände machen eine
71   unterstützende, umhüllende Bewegung). Und das merke ich schon, obwohl
72   jetzt die Kinder in der 4. sind und die ja noch nicht so mit dem Oups
73   vertraut sind. Ist das trotzdem (lächelt) was Nettes. Die Kinder genießen
74   das, die in der Mitte sitzen und lassen sich dann einhüllen und dann singen
75   wir das Lied gemeinsam und machen aber auch (Hände deuten einen
76   Kreis/Bogen) quasi, eben diese dieses Einhüllen. Das ist halt so ein, heuer so
77   ein Geburtstagsritual, … das habe ich heuer des erste Mal gemacht, also ich

78 variier immer ein bisschen und nehme einfach immer halt etwas heraus, wo
79 ich mir denke das brauchen die Kinder und da arbeite ich halt dann mit
80 Hilfe des Oups daran, sag ich einmal.
81

82 **I: Welche Erwartungen/Ziele verbinden Sie damit? Weshalb haben Sie sich**
83 **dafür entschieden, mit diesem Konzept in Ihrer Klasse zu arbeiten?**
84 LP1: Ja ein liebevollerer Umgang miteinander (strahlt Freude aus), sag ich
85 jetzt einmal. Und da erhoff ich mir immer mit Oups quasi, das zu erreichen.
86 Und auch diese sozialen Kompetenzen zu stärken von den Kindern. (nickt,
87 überlegt) … Da ja auch sehr viele soziale Aspekte da einfließen lässt, immer
88 wieder und ich glaub das kann man immer mit Hilfe vom Oups, kann man
89 das gut und anschaulich machen. Das ist jetzt auch nicht zu abstrakt für die
90 Kinder, sag ich einmal. (nickt)
91

92 **I: Wie setzen Sie dieses Konzept in ihrer Klasse um? Da haben Sie jetzt eh**
93 **schon viele Beispiele genannt.**
94 LP1: Genau, das ist … eben … mit Sachunterricht, mit Sozialstunden … ja
95 (überlegt, nickt).
96

97 **I: Und welche Materialien/Methoden verwenden Sie von Oups? Also die**
98 **Bücher haben Sie erwähnt und die Puppe…**
99 LP1: Ich hab die Bücher, ich hab die Handpuppe … wir haben (schaut in die
100 Luft) diese ganzen … die Klassenkärtchen, wo die Kinder so Klassendienste
101 haben (Hände unterstützen). Die Klassenregeln bestehen aus, also die hab
102 ich natürlich mit Oups gestaltet, Plakate … ja (lächelt). Die Klasse ist halt
103 auch ein bisschen Oups-dekoriert sag ich einmal (nickt und lacht).
104

105 **I: Wie reagieren die Kinder auf diese Methoden? Können Sie**
106 **Veränderungen wahrnehmen oder was können Sie da beobachten?**
107 LP1: (überlegt) Naja (lächelt) Die Kinder spricht das sehr gut an, sag ich
108 einmal. Und mittlerweile sind es auch, sie zeichnen ihn auch sehr gerne, sag
109 ich einmal, ja (lächelt). Also es ist, es wird immer wieder (Hände
110 unterstützen) eingebaut und ist sehr ansprechend … also … (zuckt
111 abschließend mit den Schultern)
112

113 **I: Und ist auch ein Verhalten in den Pausen vielleicht, oder wenn die**
114 **Kinder miteinander umgehen? Sieht man da was?**
115 LP1: Nein (schüttelt den Kopf), in dieser Klasse weniger, in dieser Klasse
116 weniger. In der andern Klasse habe ich das schon sehr wohl viel mehr
117 bemerkt, weil wir einfach viel mehr daran gearbeitet haben.

118   I: Ok.
119   LP1: Also das ist jetzt (schüttelt den Kopf; überlegt) … da in dieser Klasse
120   nicht so erkennbar, weil sie auch, sag ich einmal jetzt, … ich glaub, ich hab
121   sie letztes Jahr übernommen und dann wahr natürlich von März bis Juni ja
122   eigentlich fast kein Unterricht mehr und heuer auch schon wieder (schüttelt
123   den Kopf). Also da fehlt mir ein bisschen (reibt die Finger aneinander) die
124   Zeit, muss ich jetzt ganz ehrlich sagen. Also das ist heuer sicher, die letzten
125   zwei Jahre sicher verkürzter als was es im letzten Projekt machen hab
126   können, weil natürlich jetzt grad in der 4. auch so viele andere Themen
127   sind. Und ich habe heuer (streicht sich eine Strähne aus dem Gesicht) also
128   grad mit der 4. auch gestartet einen Klassenrat … und das sind wieder ein
129   bisschen andere soziale Aspekte. Das war mir heuer auch ganz wichtig und
130   das mache ich aber jetzt nicht über den Oups, da mach, da habe ich ein
131   anderes Konzept. Aber natürlich das fließt halt immer wieder ein (Hände
132   unterstützen), sag ich jetzt einmal, ja (nickt) … Aber in der Pause (überleg)
133   natürlich dieser liebevolle Umgang, der wird immer versucht für uns zu
134   pflegen, sag ich jetzt einmal ja. Und, aber das ich da dann auf den, dass ich
135   dann wirklich so dezent auf den Oups verweise, das mach ich eigentlich
136   nicht oder so irgendwie (schüttelt den Kopf). Nein muss i sagen.
137
138   I: Inwieweit sind Ihre Kolleginnen und Kollegen bzw. auch die Eltern über
139   Ihre Arbeit mit dem Konzept informiert?
140   LP1: Naja, hauptsächlich eben, die eine Kollegin, die das auch sehr
141   praktiziert. Das ist eh mit der Sie telefoniert haben, mit unserer Frau
142   Direktor. Und von der hab ich das eigentlich auch übernommen. Die ist
143   auch ganz eine große Oups-Fanatikerin (Hand streicht vor dem Körper von
144   links nach rechts) und die arbeitet sehr gerne mit Oups und wir haben auch
145   den Herrn H. schon bei uns gehabt an der Schule, der eine Lesung gehalten
146   hat mit den Kindern (lächelt) und das ist natürlich ein Wahnsinn gewesen,
147   sag ich einmal … und ich hab das von ihr übernommen. Und die Eltern
148   (schaut in die Luft) wissen natürlich, dass uns der sehr wichtig ist in der
149   Schule (schüttelt den Kopf), aber jetzt so wirklich konzeptmäßig (zuckt die
150   Schultern) muss ich, na. Das, also, dass er halt eine Präsenz hat in unserem
151   Unterricht das wissen sie schon, aber eigentlich mehr nicht, sag ich jetzt
152   einmal.
153
154   I: Ok und auch andere Rückmeldungen seitens der Eltern oder anderer
155   Kolleginnen und Kollegen, bzgl. des Verhaltens der Kinder? Kommt da
156   jemand auf Sie zu und berichtet über Dinge die auf das Konzept
157   zurückzuführen sind, oder passiert das nicht?

158   LP1: (denkt nach) Naja, … das war in dem Sinn, hat ja unsere Schule. Ich

159   weiß nicht … mindestens, ich glaube (greift sich an das Kinn) sechs bis …

160   nein ich glaube sechs Jahre, haben wir ja die Frau D. an unserer Schule

161   gehabt, die auch diese Herzensbildung bei uns praktiziert, praktiziert hat,

162   eben mit Oups (Hände unterstützen) und natürlich haben wir uns da die

163   Eltern in das Boot geholt. Also … das war natürlich ein ganz ein großes

164   Thema. Momentan ist das halt leider (traurige Geste) findet das nicht mehr

165   statt. Was uns … hoppala (Bild Ausfall aufgrund der Internetverbindung) …

166   was uns eh sehr leid tut, weil sie jetzt Vollzeit unterrichtet, also sie ist auch

167   Religionslehrerin, und macht das vollzeitmäßig. Und, (überlegt) das war

168   natürlich, da haben wir schon Elternabende gestaltet, um den Eltern das

169   einmal zu zeigen, welches Projekt wir da eigentlich starten wollen und

170   welches Konzept da dahinter steckt, weil die ist ja achtmal im Jahr zu uns in

171   die Schule gekommen und hat jeweils mit jeder Klasse (Hand unterstützt)

172   eine Stunde im Monat (nickt) gestaltet. Und das waren sehr zeitintensiv,

173   aber auch sehr sehr sehr… (schüttelt den Kopf; lächelt) ja, muss ich sagen,

174   sehr lehrreich und das hat natürlich sehr gefruchtet auch bei den Eltern und

175   bei den Kindern, und die haben das sehr wohl mit nach Hause getragen, sag

176   ich einmal. Aber das ist jetzt momentan abgeschlossen … weil sie halt leider

177   keine Zeit hat und das war natürlich ganz was Besonderes, also das muss

178   ich schon sagen. Und das hat sehr gefruchtet, mit allen Schwerpunkten

179   (schaut in die Luft) und Themen, die sie da den Kindern … (überlegt) mit-,

180   vermittelt hat, sag ich einmal, das war natürlich schon sehr bemerkenswert.

181   (überlegt) Die haben dann ja auch Geschenke und die haben ja auch immer

182   daran gearbeitet (Hand unterstützt) wie sie sich verhalten, wie sie sich

183   begrüßen … und natürlich –

184   I: Entschuldigen Sie, aber ich verstehe Sie jetzt ganz ganz schlecht. Die

185   Verbindung ist nicht gut.

186   LP1: Ja … ich Sie eher. Die Verbindung ist gar nicht gut ge? Geht's wieder

187   besser? (greift auf die Kopfhörer)

188   I: Jetzt geht's wieder besser, entschuldigen Sie die Unterbrechung.

189   LP1: Also … das ist natürlich mit den Eltern mitgetragen worden. Also die

190   Eltern mussten ja da zustimmen, das hat ja auch was gekostet und das war

191   aber auch den Eltern es-, des war es ihnen wert, dass zu zahlen, sag ich

192   einmal, und das war wirklich ganz großartig und da haben wir sehr (schaut

193   in die Luft) schon an großen Erfolg auch bei den Kindern gespürt, am

194   ganzen sozialen Umgang und am sozialen Verhalten auch in der Pause,

195   muss ich sagen. (leidender Gesichtsausdruck) Das ist jetzt natürlich wieder

196   ein bisschen abgeflaut, das muss man sagen, weil man wirklich da ganz

197   (Hände unterstützen) speziell daran arbeitet, ist das schon sehr

198   nachwirkend (Hand verdeutlicht; lächelt).
199   I: Ja das Soziale, das-
200   LP1: und das war ein Wahnsinn, ja … Und was da glaub ich noch (Daumen
201   und Zeigefinger formen eine Zange und drehen sich) der große Vorteil war,
202   es war extern auch wer da, der das noch einmal, den Kindern vermittelt hat
203   und mit uns zusätzlich, das war dann so eine doppelte Vermittlung, das war
204   natürlich ganz ideal, sag ich einmal (zuckt mit den Schultern; lächelt) Wenn
205   wer von außen kommt und mit den Kindern so eine Stunde dann noch
206   macht, (lächelt) das war … ja, hat auch uns sehr gut getan und gut gefallen.
207   Und das war ja sicher auch, sag ich einmal, damit, da sind wir so richtig
208   hineingewachsen … mit, mit der Frau D. (lächelt) … ja.
209
210   **I: Eine letzte Frage hätte ich noch und zwar: Inwieweit finden sich Ihres**
211   **Erachtens die Ziele/ Werte des Konzepts von Oups im Volksschullehrplan**
212   **wieder?**
213   LP1: (schaut in die Luft; denkt nach) … Puh (bewegt sich; lacht) … ja (grinst)
214   … naja die ganzen sozialen Geschichten würde ich jetzt einmal sagen, nicht?
215   Also … im sozialen … die Wertevermittlung ist ja auch ein wichtiger Aspekt
216   im Lehrplan und von dem her gesehen, um einen Unterricht, … (zuckt mit
217   den Schultern) gut zu machen glaub ich oder im auch, dass man gut mit den
218   Kindern arbeiten kann, ist das einmal ganz eine wichtige
219   Grundvoraussetzung für mich, wie sie miteinander umgehen, weil nur so
220   können sie … gut lernen. Wenn man richtige Werte pflegt, dann kann
221   Lernen stattfinden. Wenn das nicht stattfindet, (schüttelt den Kopf) ist
222   Lernen kaum möglich, sag ich jetzt einmal. Und in wieweit das im Lehrplan
223   verankert ist (lehnt sich zurück; lacht; zuckt mit den Schultern) … muss ich
224   Ihnen ganz ehrlich sagen (lacht), weiß ich gar nicht. Das ist für mich so eine
225   Wichtigkeit, so ein Wert, … da, ob das jetzt im Lehrplan verankert ist, oder
226   nicht … (lächelt) muss ich ganz ehrlich sagen (lacht; schüttelt den Kopf) …
227   hab ich jetzt nicht nach-, nachgeprüft (Hände unterstützen) nachgeschaut,
228   ich weiß gar nicht, kann ich gar nicht sagen, also.
229   I: Kein Problem (lacht).
230   LP1: Kann ich Ihnen jetzt nicht beantworten (lacht).
231
232   **I: Gibt es von Ihnen aus noch Themen, die Sie gerne ansprechen möchten?**
233   **Ewas das vielleicht noch nicht thematisiert wurde?**
234   LP1: (schüttelt den Kopf; überlegt) … Haben Sie schon mit Oups (greift sich
235   an den Kopf), also in ihrem Lehren auch schon gearbeitet, oder? Weil Sie
236   auf dieses Thema gekommen sind, das würde mich interessieren.
237   I: Nein also richtig gearbeitet damit hab ich noch nicht. Ich bin darüber

238 gestolpert über die Herzensbildung, aber dadurch dass ich ... Ich hab letztes
239 Jahr meinen Bachelor abgeschlossen und habe dann gleich mit dem Master
240 weiter gemacht, aber nicht berufsbegleitend, also ich habe bis jetzt nur
241 meine Praxis absolviert in den Volksschulen, immer wieder und einzelne
242 Praxisstunden gehalten, aber eine eigene Klasse hatte ich noch nicht,
243 insofern konnte ich es noch nicht ausprobieren. Aber ich bin auch per Zufall
244 drüber gestolpert, eben auch über merchandising eigentlich, über die
245 Produkte von Oups ...
246 LP1: (nickt) mhm.
247 I: ... bin ich einmal auf die Plattform gegangen und hab diese
248 Herzensbildung entdeckt und ... ja (lächelt) habe, habe dann recherchiert
249 und war ... vom theoretischen sehr begeistert und dadurch (zuckt mit den
250 Schultern; lächelt) ja, wollte ich das in meine Arbeit einfließen lassen, weil
251 ich ehrlich gesagt schon vorhabe, das auch zu verwenden, dann wenn ich
252 arbeite. Also ich kann mir das sehr gut vorstellen.
253 LP1: Ja (nickt; lächelt). Ist wirklich sehr sehr empfehlenswert, kann ich nur,
254 kann ich nur sagen. Also ... und also ich find es halt immer, natürlich wenn
255 man mit einer Klasse beginnt und das von klein auf ... so anfangt, ist für
256 mich immer noch ein bisschen (überlegt) ... kann man noch viel mehr
257 vermitteln, sag ich jetzt einmal. ... Das war jetzt mit, wenn man mit einer
258 dritten startet, (überlegt; lacht; Hände unterstützen) ... startet man schon
259 ganz anders, als wie mit den Kleinen (lächelt). Das habe ich jetzt schon, das
260 war jetzt für mich schon der Unterschied ... mit den Kleinen startet man da
261 ganz anders, also da kann man anders aufbauen, sag ich einmal, ja ... Aber
262 ... also ... find ich es auch ganz eine ganz wichtige ...für mich (schaut in die
263 Luft) ist das sehr, wie soll ich sagen, ... der Oups hat schon auch große
264 Wichtigkeit glaube ich (Hand hilft) im liebevollen Umgang miteinander und
265 das kann man den Kindern mit Hilfe von ihm ganz gut klarmachen (nickt).
266 Glaube schon, dass das im Unterricht sehr gut einsetzbar ist.
267 I: (lächelt) Ja dann bedank ich mich sehr für Ihre Zeit, für Ihre Erfahrungen.
268 Dankeschön! Wenn Sie an meiner Masterarbeit interessiert sind, werde ich
269 Ihnen die fertiggestellte Arbeit in digitaler Form zukommen lassen.
270 LP1: Ja gern (lacht).
271 I: Dann wünsche ich Ihnen weiterhin alles Gute und noch einen
272 angenehmen Tag.
273 LP1: Ja Dankeschön. Ihnen auch und gutes Gelingen bei Ihrer Arbeit.
274 (lächelt)
275 I: Dankeschön. Auf Wiedersehen (lächelt)
276 LP1: Wiedersehen

8.3 Transkription Interview 2

1   Dieses Interview wurde nur auditiv geführt (ohne Bild). Die interviewte
2   Person unterrichtet im Allgäu in Deutschland.
3
4   I: Vielen Dank noch einmal, dass Sie sich Zeit genommen haben. Zur
5   Information, ich schreibe meine Masterarbeit über den respektvollen
6   Umgang, wie der in Volksschulen gelehrt werden kann, mit Hilfe von dem
7   pädagogischen Konzept „Die Herzensbildung mit Oups".
8   LP2: Ein tolles Thema.
9   I: Vielen Dank (lacht). Und bei dieser Masterarbeit möchte ich auch ein
10   bisschen Praxiserfahrungen miteinfließen lassen und in diesem Sinne finde
11   ich es ganz toll, dass sich ein paar Pädagoginnen und Pädagogen
12   bereiterklärt haben, mir ein Interview zu geben, wie auch Sie jetzt.
13   Wie vorab besprochen, wird dieses Interview für die Auswertung
14   aufgezeichnet und selbstverständlich werden alle Aufzeichnungen
15   anonymisiert.
16
17   **I: Als Erstes würde ich gern erfahren, seit wann Sie mit dem**
18   **pädagogischen Konzept „Herzensbildung mit Oups" arbeiten?**
19   LP2: … Etwa zwei Jahre. Aber ich habe vorher, also ich mache eigentlich, ich
20   bin jetzt vierzig Jahre im Beruf und ich habe vorher schon sehr viel Wert
21   immer gelegt auf die Wertevermittlung.
22   I: Mhm (nickt).
23   LP2: Ja; insgesamt auf die Wertevermittlung und … ich habe Oups, ja ich
24   denk vor zwei oder drei Jahren kennengelernt … da hab i so Bücher
25   geschenkt gekriegt von einem Freund … vom Herrn H. und ja da bin ich
26   sofort darauf angesprungen, weil mir das einfach für die Kinder ganz toll
27   gefallen hat. Und dann hatten wir letztes Jahr den Herrn H. auch zur
28   Dichterlesung an der Schule, ich hab ihn da eingeladen … und das war ein
29   tolles Highlight.
30
31   **I: Was spricht Sie persönlich bei diesem Konzept an?**
32   LP2: Mich spricht die Figur mit an … also dieser Oups und des Oupsinchen,
33   weil mit dem kann man sehr gut auf die Kinder dann zugehen … mit den
34   Figuren. Was allerdings notwendig ist, wenn man diese Sprüche jetzt
35   hernehmen, die auf den … ja, auf den Tischaufstellern oder Kalendern oder
36   was auch immer sind, es reicht nicht das nur hinzustellen, sondern man
37   muss mit den Kindern die Sprüche dann auch deuten, also lesen und deuten

38 und dann, … ja führ- führt das sehr schnell zum Erfolg. Die Kinder springen

39 auf die Figur ganz schnell an.

40

41 **I: Weshalb haben Sie sich dafür entschieden, mit diesem Konzept in Ihrer**

42 **Klasse zu arbeiten? Welche Erwartungen/Ziele verbinden Sie damit?**

43 LP2: Ja, ich verbind damit die Ziele … dass die Kinder einfach im Bereich der

44 Werterzieh- erziehung oder der Herzensbildung, wie Sie nennen, dass sie

45 damit konfrontiert werden, weil ja wo man nix säht kann man nix ernten,

46 sag ich immer (schmunzelt). Ja und das ist ganz wichtig, dass man diese …

47 diese Gedanken in der Richtung miteinbringen und ja das ist eigentlich jetzt

48 nicht, ich mach jetzt nicht einzelne Stunden zu dem Thema Oups oder

49 Herzensbildung, sondern das fließt eigentlich täglich im Unterricht mit ein …

50 und das ist für mich das Wichtige. Ich meine, die einzelnen Stunden, die

51 sind auch wichtig, zum Einführen oder wenn man mal richtiges (überlegt) …

52 Thema hat, wo man dann … auch sich eine ganze Stunde dafür Zeit nehmen

53 kann … ist auch ganz ganz toll, aber ich find dass das tägliche einfach noch

54 wichtiger ist, dass die Kinder das so richtig … ja immer wieder einfach hören

55 und auch damit konfrontiert werden.

56 I: (nickt) ok.

57 LP2: Aber das ist so ein Hobby von mir auch, all die Jahre schon … Ich habe

58 da sehr viel- ja mit d-, ich hab das menschliche Werte genannt … aber …

59 egal wie das heißt, im Prinzip ist es ja alles das Gleiche. Ja … und da ist mir

60 eben die Herzensbildung immer sehr am Herzen gelegen.

61

62 **I: Wie setzen Sie dieses Konzept in ihrer Klasse um? Welche**

63 **Materialien/Methoden verwenden Sie? Wann werden sie angewendet?**

64 **(geplant/intuitiv)**

65 LP2: Ja also wie gesagt wann: täglich. Ja das fließt ein, wenn jetzt einfach

66 die Situation da ist, wenn die Kinder zum Beispiel aus der Pause kommen

67 und es gab Streit … und dann … rede ich mit den Kindern und sage dann

68 auch, ‚was meinst du, wie würde Oups jetzt entscheiden, oder was würde

69 der jetzt tun?‘ Und damit bin ich dann eigentlich ganz schnell immer beim

70 Thema, weil sie natürlich … den Oups jetzt von der Seite kennen gelernt

71 haben. Er kommt vom Planeten der Herzen und er wird halt schauen, dass

72 alles friedlich abgeht … und dass er verzeiht und die Kinder (?) …

73 entschuldigen sich dann auch, also das … funktioniert ganz gut so (scheint

74 zu lächeln). Und ja wie gesagt, dann auch einzelne Stunden … wie, wir

75 haben jetzt (überlegt) immer wieder Kinder gehabt, die Sachen von andern

76 kaputt gemacht haben … ja. Und da habe ich das dann als Beispiel halt

77 hergenommen und, und ich hab dann noch so, so drei Männchen … die so

78 … ja d- der Erste ist halt grad des P-, des Problem hat mit mir doch gar
79 nichts zu tun, also der weißt das ganz von sich und das zweite Männchen
80 schaut dann, ja oder vielleicht doch? … Und das dritte sagt dann, ja … das
81 betrifft mich eigentlich schon auch. Und mit Hilfe von von diesen … ja …
82 Krücken, sag ich jetzt mal, oder mit diesen Methoden … können die Kinder
83 dann sehr schnell sich da empathisch reinversetzen … und können sich
84 reinversetzen, ja was würde der Oups jetzt machen? Betrifft mich das
85 überhaupt? Und wie kann ich mit dem umgehen? Das springen sie
86 eigentlich ganz schnell darauf an. Wenn man das zwei-, drei-, vielmal
87 gemacht hat, nachhe-s, nachher kommen die auch selber dann darauf …
88 also dass sie bei sich selber auch schauen müssen und dass halt die Lösung
89 nicht ist, immer nur beim Andern die Fehler zu suchen.
90 I: Mhm. (nickt)
91 LP2: Ich denke so eine … gewisse Kon- Kontinuität, wo man das immer
92 wieder anspricht, ist ganz ganz wichtig … da sie- dass es einfach
93 verinnerlicht wird.
94
95 **I: Und das Arbeitsheft „Herzensbildung mit Oups" verwenden Sie das?**
96 LP2: … eigentlich nur für mich ja. Ich kopiere da sehr wenig raus, muss ich
97 sagen, ja das ist vielleicht auch bisschen in Vergessenheit geraten. Da sind
98 auch ganz tolle Anregungen drinnen, aber ich habe das Heft eigentlich gar
99 nicht zur Hand jetzt. Muss ich jetzt ehrlicherweise sagen, ich sollt es wieder
100 mal rausholen, ja. (lacht) Kann man bestimmt wieder Ideen, ja mit
101 einbringen.
102
103 **I: Wie reagieren die Kinder auf die Arbeit? Sind da Veränderungen zu**
104 **sehen? In Bezug auf Vorher – Nachher, vielleicht? Bevor der Oups**
105 **eingeführt wurde und danach?**
106 LP2: Langfristig: Ja! … Ja! Würde ich schon sagen, dass die Kinder da wirklich
107 ihren Teil mitnehmen, auch-. Ich habe jetzt manche Kinder in höheren
108 Klassen, die also in der Eins, Zwei bei mir waren, die habe ich jetzt in Drei,
109 Vier in Religion wieder und da kommen die schon wieder darauf zu
110 sprechen dann … Und das ist schon, ja finde ich schon ganz gut. Also die
111 nehmen schon Bezug darauf dann.
112
113 **I: Inwieweit sind Ihre Kolleginnen und Kollegen bzw. die Eltern über Ihre**
114 **Arbeit mit dem Konzept informiert?**
115 LP2: Die sind informiert. Also die Eltern am Elternabend. Weiß ich die
116 immer darauf ein, dass mir da-, dieser Themenbereich halt sehr am Herzen
117 liegt … und ja die Kolleginnen auch. Die sehen dann auch immer wieder

118   wenn ich … so verschiedene Poster dann downloade. Und die hänge ich
119   dann auch auf, wie jetzt da die Adventsgedanken oder so. Da hängen halt
120   dann immer wieder unterschiedliche Gedanken daran. Und … ja das
121   Kollegium hat auch gleich … muss ich sagen, ganz freudig zugestimmt, als
122   ich gesagt habe: wir könnten doch den Herrn H. einmal einladen … und das
123   ist, … die Lesung ist auch sehr gut angekommen und wir haben auch … also
124   jetzt so das besprochen-. Wir haben ja immer alle vier Jahre praktisch ganz
125   neue Kinder dann. Weil wir sind eine Grundschule, die ist nur bis- erste bis
126   vierte Klasse, … und haben dann gesagt, so in dem Vierjahresrhythmus,
127   wenn es für den Herrn H. geht, würden wir ihn immer gern wieder einladen
128   … Einfach- um das-, den Kindern … ja allen zukommen zu lassen … Also die
129   Kollegen halten das auch für sehr wertvoll … Einige arbeiten auch damit
130   und-, oder fragen mich dann ‚ja, hast du wieder die netten Bildchen dabei?‘
131   Und das- ja das trägt sich schon weiter … Aber ich denke am intensivsten
132   mach es schon ich (lacht).
133
134   I: Ok (lächelt). **Kommen auch Rückmeldungen vom Kollegium oder von**
135   **den Eltern auch?**
136   LP2: Wenig … Also vom Kollegium: Ja. Die finden das ganz gut. Ich hab jetzt
137   zum Beispiel … mit der ganzen Corona-Geschichte da war so ein netter Link
138   mal darauf: … Liebe sollte das Virus sein, dass die Erde befällt, oder uns
139   Menschen befällt.‘ Das habe ich mit den Kindern dann halt auch
140   besprochen, und habe ihnen dann praktisch den Spruch auf Papier kopiert
141   und hab gesagt: ‚du malst jetzt den Oups dazu, oder oder dich selber dazu.
142   Was du lieber möchtest.‘ Und das haben wir dann natürlich auch
143   ausgehängt … und ja Schule darf ja gerade keiner betreten, aber die
144   Kollegen, die fanden das ganz toll dann … Und eine Mutter macht das dann
145   auch, wenn ich das mit Heim gebe, die stellt das dann immer auf ihren
146   Status, was das Mädchen gemacht hat. Also das finde ich auch ganz süß …
147   Da hat man dann einfach auch die Rückmeldung, dass es bei einigen Eltern
148   auch zumindest ankommt.
149
150   I: **Eine letzte Frage hätte ich noch und zwar: Inwieweit finden sich Ihres**
151   **Erachtens die Ziele/ Werte des Konzepts von Oups im Volksschullehrplan**
152   **wieder?**
153   LP2: … Naja, das ist ja eigentlich- in der Präambel- steht das bei uns ja
154   eigentlich schon drinnen … Bildung von Charaktereigenschaften, also
155   Bildung vom Charakter. Das ist ja eines der obersten Ziele in der Präambel,
156   wenn wir das so genau betrachten. In den Unterzielen, ja kann ich das jetzt
157   gar nicht so genau bezeichnen, ich bin 40 Jahre im Schuldienst und … hab

158 den Lehrplan jetzt … muss ich gestehen, nicht so in Ei- in den Einzelheiten
159 im Kopf jetzt, aber für die Werteerziehung und Charakterbildung, also gar
160 keine Frage … Ja … Mit den obersten Prinzipien, also das muss jetzt für mich
161 … für mich muss das eigentlich gar nicht aufgeschlüsselt sein, weil das ist
162 für mich eines der wichtigsten Ziele von Erziehung überhaupt, weil wenn
163 Mensch kein Charakter hat, oder wenn ich mich nicht drauf verlassen kann,
164 dann ist des eigentlich … ja sehr sehr schade. Da ist dann viel verpasst
165 worden … weil ich denk das ist … also für mich noch wichtiger, als die
166 ganzen kognitiven Leistungen, die die Kinder bringen. Das einfach ehrliche
167 Menschen sind und, … ja die Respekt vor den Andern haben und … ja nach
168 der goldenen Regel einfach handeln: ‚was du nicht willst … das man dir tut,
169 das füg auch keinem anderen zu' … ja.
170
171 I: **Jetzt ist mir noch spontan eine Frage eingefallen, weil Sie erwähnt**
172 **haben, dass Sie auch Religion unterrichten. Verwenden Sie im**
173 **Religionsunterricht auch den Oups oder gar nicht?**
174 LP2: Ja klar, wenn der in das Gespräch kommt, kein Thema. Ja, das ist halt,
175 ist halt eine andre Person, aber ob die Person jetzt letztlich … Jesus, Buddha
176 oder Oups heißt, also (lacht) … da stell ich mich darüber. Ja … wenn jetzt ein
177 Kind des mit Oups gut erklären kann, dann ist das genauso in Ordnung,
178 denk ich … aber da gehen die Meinungen natürlich sehr auseinander ich
179 mein … Ein streng katholischer Lehrer wird wahrscheinlich sagen ja, das
180 geht überhaupt nicht. Kann ich mir vorstellen, aber für mich … ja, für mich
181 gibt es eigentlich bloß eine Religion und das ist die Liebe … Ja, weil wenn
182 man die Religionen, find ich immer, wenn wir die uns anschauen, in der
183 Krone oben, wollen sie eigentlich alle das Gleiche … Ja, unten geht es halt
184 ein bisschen auseinander, aber ich denk das Wesentliche das steht in der
185 Liebe drinnen und … wenn … ja … m- wenn wir Menschen in der Lege sind
186 so zu leben, dann … dann ist es egal welcher Religion wir angehören. … So
187 meine ganz persönliche Meinung. (lacht)
188
189 I: **Gibt es von Ihrer Seite noch Fragen? Ewas das vielleicht noch nicht**
190 **thematisiert wurde?**
191 LP2: … Ja, was kann ich da noch sagen? Was ich jetzt gerade noch gemacht
192 habe, so ganz aktuell, das sind jetzt ganz neu, so Karten rausgekommen, mit
193 dem ABC … und da sind die Zahlen auch dabei … solche Sachen versuche ich
194 dann halt immer so im täglichen Gebrauch dann mit einfließen zu lassen.
195 Wie die Kinder, die lernen jetzt gerade die Zweitklässler für den
196 Führerführerschein zum Beispiel. Und da lasse ich jetzt nicht halt
197 irgendwelche Texte schreiben, da dürfen sie jetzt halt die Oups-Texte

198   praktisch in die Schreibschrift umsetzen. Und dann abschreiben und dann
199   sprechen wir über den Inhalt, darüber … und so hab ich halt… ja praktisch
200   einen wertvollen Inhalt … gekoppelt mit dem Schreiben üben. Und die
201   Kinder mögen das auch, weil sie den Oups mögen … Oder die Zahlen hab
202   ich dann hergenommen … bei den Erstklässlern … wie ich die Zahlen
203   eingeführt habe und geschrieben habe. Da sind so Zahlenbilder dann dabei,
204   da hab ich ihnen dann auch den Oups halt mitkopiert … und die waren dann
205   ganz stolz darauf, weil sie jetzt auch ein Oups-Heftchen haben, mit den
206   Zahlen drinnen. Also die Kinder, denen macht das schon Spaß, so … und
207   dann malen wir halt und- im Kunstunterricht mach ich es dann auch, dass
208   ich einfach so Sprüche manchmal dann hernehme … wie … was haben wir
209   jetzt gerade gemacht? … Ja Oups weiß wie man Frieden macht, … wo es-,
210   wo dann … ja die Kinder sich so die Hand geben … dürfen wir gerade
211   natürlich nicht, oder sollen wir nicht, aber … einfach von der Intention her
212   im Kunstunterricht malen die das dann auch ganz toll. Und da sind welche
213   da, also die bemühen sich dann irrsinnig, bloß weil es jetzt Oups ist. (lacht)
214   … Ja, das hilft ihnen auch denk ich, ja um sich da … ganz gut rein zu
215   versetzen, diese Figur … Ja weil als Menschen so, da kommt dann doch
216   immer wieder ‚ja, aber der hat ja … angefangen' … ja so von dem Streit her
217   und wenn dann Oups dazwischen steht, dann ist das nochmal so ein Schritt,
218   wo den Kindern einfach zu abstrahieren hilft, denk ich … Ja ich versuche das
219   halt, so oft wie möglich einfließen zu lassen … und ja, da verspreche ich mir
220   eigentlich ganz viel davon.
221   I: Ja, dass die Kinder nicht nur in einem Fach, sondern auch im alltäglichen
222   Leben Bezug darauf nehmen.
223   LP2: Genau, ja. Und dann sag ich ihnen auch wenn wir-, wenn wir so was
224   gemacht haben, sie sollen das daheim mal Mama und Papa erzählen, oder
225   Oma oder Opa, dass sie das einfach nochmal formulieren müssen dann, die
226   Kinder und das ist auch ganz interessant, mei, man weiß dann letztlich nicht
227   was dann daheim ankommt, aber bei manchen … ist einfach nochmal, wenn
228   das … jetzt als Hausaufgabe-Gedanken ist, das nochmal zu erzählen, das
229   nehmen dann manche schon sehr ernst und machen das auch. Sicher … so
230   Kinder die sonst Hausaufgaben auch vergessen, die machen das vielleicht
231   nicht, aber … mei auf 100% können wir da nie gehen, aber ich finde es
232   schon ganz toll, wenn es dann wenigstens einige machen und das nochmal
233   umsetzen dann und in eigene Worte fassen … Das ist schon ganz toll, und
234   da kam dann auch schon-, hin und wieder sind einfach von, von der Mama
235   die Rückmeldung, die dann sagt: ‚Menschenskinder das wahr vielleicht toll,
236   weil heute ist er heimgekommen und hat gesagt, mensch Mama ich find
237   das toll, dass du mir das Mittagessen immer herrichtest' oder so was zum

238 Beispiel. Ja und da- das sagen mir dann die Mütter schon ab und zu, dass
239 die Kinder das einfach auch machen ... Ja.
240 I: Vielen Dank, für Ihre Zeit. Wenn Sie an meiner Masterarbeit interessiert
241 sind, werde ich Ihnen die fertiggestellte Arbeit in digitaler Form zukommen
242 lassen.
243 LP2: Ja gerne (lacht). Ja doch das würde mich schon freuen, weil vielleicht
244 sind neue Anregungen drinnen, die ich dann mit aufnehmen kann. Gar kein
245 Thema.
246 I: Ja ich hoffe (lacht).
247 LP2: Ja ich wünsche Ihnen alles alles Gute und, ja wenn Sie noch einmal
248 etwas brauchen, ich denk, also die Telefonnummern die haben Sie von mir,
249 die stimmen und und sonst per Mail, wenn Sie irgendetwas brauch können
250 Sie mich gern wieder kontaktieren (lacht).
251 I: Ok, vielen Dank. Ich wünsche Ihnen auch alles Gute und noch einen
252 angenehmen Tag.
253 LP2: Das wünsche ich Ihnen auch und einen guten Abschluss für Ihre Arbeit.
254 I: Dankeschön.

8.4 Transkription Interview 3

1 I: Vielen Dank, dass Sie sich bereiterklärt haben für dieses Interview, das
2 hilft mir wirklich sehr weiter.
3 LP3: Ja gerne, kein Problem (lächelt).
4 I: Kurz zur Einführung: Im Zuge meiner Masterarbeit beschäftige ich mich
5 mit der Herzensbildung und dem respektvollen Umgang und wie man den
6 in der Volksschule vermitteln und lehren kann und da bin ich auf das
7 pädagogische Konzept „Herzensbildung mit Oups" gestoßen. Das hat mich
8 sehr angesprochen und da hab ich mir gedacht, ich möchte das in meiner
9 Arbeit genauer analysieren und schauen wie das beitragen kann, dass man
10 den Kindern einen respektvollen Umgang miteinander vermitteln kann und
11 insofern möchte ich auch Praxiserfahrungen in meine Arbeit miteinfließen
12 lassen und deswegen möchte ich da Experteninterviews führen mit
13 Pädagoginnen und Pädagogen, die das in ihrer Klasse verwenden.
14 Wie vorab besprochen, wird dieses Interview für die Auswertung
15 aufgezeichnet und selbstverständlich werden alle Aufzeichnungen
16 anonymisiert.
17
18 **I: Als Erstes würde ich gern erfahren, seit wann Sie mit dem**
19 **pädagogischen Konzept „Herzensbildung mit Oups" arbeiten?**
20 LP3: (schaut in die Luft) … Puh das ist eine gute Frage … (schaut in die Luft)
21 … also sicher schon seit … 10-12 Jahren … haben wir sicher schon
22 angefangen … also ist schon lange Zeit her, dass ich durch eine Kollegin von
23 Oups erfahren habe … und das, für mich selber dann einfach … eingesetzt
24 hab. Diese Sprüche einfach (lächelt) … und diese Bücher und so ist das
25 irgendwie in meine Klasse eingeflossen im Laufe der Jahre. Von der
26 Herzensbildung selber hab ich dann … (schaut in die Luft) vor, ich glaube …
27 sieben Jahren oder acht Jahren … zufällig bei einem Achtsamkeitsseminar
28 erfahren, von einer Kollegin (lächelt). Und die hat das eben erwähnt und
29 eben Oups und (?) ganz meines halt (lacht) und wie ich gehört habe dann …
30 war das klar für mich, dass ich das auch in die Schule integrieren will.
31 Damals war ich schon Schulleiterin auch … und … ja. Hab das-, die
32 Kolleginnen waren Gott sei Dank auch alle mit (lacht) … bei dieser- bei
33 diesem Seminar und so haben wir gleich gemeinsam beschlossen: wir
34 wollen das machen und … ja, so sind wir zu dieser Herzensbildnerin
35 gekommen, die dann ich glaube (schaut in die Luft) sechs Jahre lang bei uns
36 an der Schule war und mit den Kindern dann auch gearbeitet hat.
37 I: Ok, eine kurze technische Sache, ich verstehe Sie ganz schlecht, nur ganz
38 ganz leise.

39   LP3: Ach so, hab ich das … (richtet das Mikrofon an dem Headset) … So
40   wahrscheinlich (lächelt). Ist es jetzt besser?
41   I: Ja jetzt ist es besser, vielen Dank (lacht).
42   LP3: Ok (lacht) Entschuldigung.
43
44   I: Kein Problem … ok und **was spricht Sie persönlich bei diesem Konzept**
45   **an?**
46   LP3: (überlegt; schaut nach oben) … ja es es sind irgendwo diese … diese
47   positive Einstellung. Diese, diese positive Sicht der Dinge (überlegt) … die
48   Werte, die da vermittelt werden … das ist für mich eigentlich das was, was
49   … ein gutes Leben ausmacht. Und das ist das … wo ich immer mehr das
50   Gefühl hab, dass das bei den Kindern nicht mehr selbstverständlich
51   mitgegeben wird, auch durch die Erziehung … dass das immer wichtiger
52   wird, dass sie das auch in der Schule erfahren.
53
54   I: **Weshalb haben Sie sich dafür entschieden, mit diesem Konzept in Ihrer**
55   **Klasse zu arbeiten? Welche Erwartungen/Ziele verbinden Sie damit oder**
56   **haben Sie verbunden?**
57   LP3: … (schaut in die Luft) Ja … sicher diese … positive Auswirkung im
58   sozialen Lernen. Das war für mich einfach dieses friedliche, dieses friedvolle
59   Miteinander, das bei diesem Oups Herzensbildungskonzept einfach im
60   Mittelpunkt steht. Dieses wertschätzende, dieses respektvolle, dieser
61   Umgang miteinander … der mir einfach auch … (überlegt; zuckt mit der
62   Schulter) unter den Kindern … sehr wichtig ist.
63
64   I: **Habe ich mir das richtig gemerkt, dass Sie mit dem Konzept gearbeitet**
65   **haben und jetzt sind Sie Direktorin und arbeiten nicht mehr in der Klasse,**
66   **ist das korrekt?**
67   LP3: Ganz genau. Ja das zweite Schuljahr jetzt nicht mehr, ja (lächelt). Mhm.
68   I: Ok (lacht). Das heißt, die nächsten Fragen beziehen sich einfach auf die
69   Vergangenheit, auf Ihre vergangene Arbeit in der Klasse.
70   LP3: Mhm.
71
72   I: **Wie haben Sie dieses Konzept in ihrer Klasse umgesetzt? Welche**
73   **Materialien/Methoden haben Sie verwendet und wann haben Sie diese**
74   **angewendet? (geplant/intuitiv)**
75   LP3: … (überlegt) In den ersten Jahren der Herzensbildung haben wir …
76   einfach diese monatlichen Herzensbildungsstunden gehabt, wo wirklich
77   eine Herzensbildnerin (Name wird genannt) zu uns gekommen ist (lächelt).
78   Haben Sie die schon kontaktiert auch? (lacht)

79 I: (lächelt) Ich habe es probiert, aber die E-Mail Adresse war anscheinend
80 falsch (gestikuliert mit den Händen).
81 LP3: Ach so wirklich … ok (wundert sich).
82 I: Ich habe eine Mail bekommen, dass unter der Adresse niemand gefunden
83 wurde, also … (zuckt mit den Schultern)
84 LP3: Aha … Na dann brauchen Sie nur- tun Sie einfach nur googeln den
85 Namen. Die findet man sicher.
86 I: Ok.
87 LP3: Also die ist der heißeste Tipp (unterstützende Handbewegung) was das
88 betrifft wirklich (lacht; strahlt), weil …
89 I: Ok, vielen vielen Dank. (lacht)
90 LP3: Ja, weil die wirklich dieses Herzensbildungskonzept das sie bei uns
91 auch an der Schule durchgeführt hat, hat sie selber entworfen eigentlich …
92 also, ja die ist da wirklich … (lächelt) Da muss ich noch einmal schauen was
93 da falsch ist, weil … sonst, sonst schreibe ich Ihnen auch noch ihr, ihr
94 Handynummer. Die hat sicher kein Problem damit, wenn Sie sie da
95 kontaktieren einfach einmal.
96 I: Gerne. (lächelt) Vielen Dank.
97 LP3: Ja (lächelt), die macht das sicher voll gern (grinst), ja. Ja, also
98 angefangen haben wir eigentlich … eben mit ihr. Diese monatlichen
99 Stunden … die sie mit den Kindern gehalten hat, da war nicht nur Oups im
100 Mittelpunkt, sondern (schüttelt leicht den Kopf) auch viele andere
101 Werte einfach (schaut in die Luft) … und wir sind dann gestoßen, eben vom Herrn
102 H. … auf dieses Herzensbildungs-Arbeitsheft, das es da gibt und das haben
103 wir dann einfach auch im Sachunterricht, in den sozialen Stunden
104 eingesetzt … und aufgearbeitet mit den Kindern. Und der Oups (schüttelt
105 den Kopf) ist einfach überall eingeflossen und er ist in Zeichnen, beim
106 Geburtstagskalender und überall (lächelt) und, und zu Weihnachten haben
107 wir Weihnachtskarten gemacht dann (lächelt) und Sprüche dazu
108 geschrieben, also … die Kinder haben das geliebt (lacht) … Die haben das
109 selber gezeichnet schon den Oups und selber entworfen, also (lächelt) das
110 ist wirklich- das ist einfach so eine Figur, die die Kinder sehr anspricht … ja
111 (lächelt)
112
113 **I: Genau, das heißt das Arbeitsheft „Herzensbildung mit Oups", das haben**
114 **Sie verwendet. Wann? Wie oft? Wie darf ich mir das vorstellen? Wie ist**
115 **das zum Einsatz gekommen?**
116 LP3: Genau, ja. (überlegt) Puh … Das ist eine gute Frage … des Heft vielleicht
117 … (überlegt) ja, einmal im Monat, dass wir es jetzt bewusst bearbeitet hat,
118 … aber die Inhalte sind sicher so auch immer wieder eingeflossen. So auch

119   wenn irgendwelche Probleme aufgetaucht sind … dass man einfach Bezug

120   genommen hat wieder. Wir haben Plakate … an der Wand hängen gehabt …

121   mit … Regeln, Umgangsformen und Werten und die hat man immer wieder

122   einfach miteinbezogen, wenn es Probleme gegeben hat auch.

123

124   **I: Wie haben die Kinder auf diese Methoden reagiert? Welche**

125   **Veränderungen haben Sie an den Kindern wahrnehmen können?**

126   LP3: (überlegt; schaut in die Luft) Schon, vor allem in den

127   Integrationsklassen die wir gehabt haben, wo es doch relativ schwierig hin

128   und wieder war, dieses Miteinander … hat man schon das Gefühl gehabt,

129   dass … (denkt nach) dass ihnen das geholfen hat. Auch die, die Fi- Figur, der

130   Oups, … so … diese Werte, dass die einfach … (schaut in die Luft; lacht) s-

131   sie waren einfach spürbar (Hand unterstützt). Diese Freundlichkeit, dann

132   dieses Grüßen … diese (zuckt mit den Schultern) Umgangsregeln, die man

133   mit ihnen besprochen hat, es … hat sich schon- Vor allem auch das

134   Feedback auch von andren Leuten, die dann in die Schule hinein gekommen

135   sind (lächelt) und gesagt haben: ‚boah bei euch spürt man einfach was bei

136   den Kindern‘ oder wenn sie dann in eine andre Schule gekommen sind und,

137   und die gesagt haben, ‚also eure Kinder sind wirklich so … so nett und so …

138   auch wie sie grüßen und sich verabschieden und so, und das war sehr viel

139   auch was wir einfach mit-, mit dieser Herzensbildung geübt haben, mit

140   ihnen. Oder dieses in die Augen schauen … wenn man mit wem redet oder

141   wenn man sich verabschiedet oder so, ja einfach wie geh ich miteinander um?

142   Und das spüren wir dann schon, dass das was bringt. Allerdings sind

143   wir draufgekommen, man muss es immer wieder einfließen lassen. Man

144   darf jetzt nicht glauben man macht das einmal und dann ist es da, sondern

145   … (nickt) es ist schon wieder auch verloren gegangen, wenn man mal ein

146   Radl nicht daran gearbeitet hat (lächelt) also es … es braucht einfach eine

147   stetige … ein, ein stetes Wiederholen und (nickt heftig) immer wieder in

148   Erinnerung rufen … ja.

149

150   **I: Inwieweit sind Ihre Kolleginnen und Kollegen bzw. die Eltern über Ihre**

151   **Arbeit mit dem Konzept informiert?**

152   LP3: Die Eltern sind immer zu Beginn der Herzensbildung auch informiert

153   worden, was sind so die die … Wertigkeiten in diesem Schuljahr? …

154   (Überlegt) … und sie haben ja einen Teil der Kosten, die damit verbunden

155   waren, übernommen … also von dem her, hin und wieder hat es auch einen

156   Elternabend dazu gegeben mit (Name der Herzensbildnerin), dass sie selber

157   informiert hat … und eben auch über die … über die Homepage, über

158   unsere Schulhomepage, wo wir immer nachher dann Fotos und dann einen

159 Bericht eine gegeben haben, was haben wir diesmal wieder gemacht, also
160 sie waren da eigentlich immer sehr gut involviert. Und über die Homepage
161 auch der ganze Ort (lacht) muss man dazu sagen (lacht). Weil d- die
162 Schulhomepage die ist immer gleich auf die Gemeindehomepage verlinkt
163 worden und somit hat der ganze Ort eigentlich gewusst, was wir machen
164 (lächelt). Und dadurch … ja und dadurch ist auch … die Gemeinde sehr
165 aufmerksam geworden und die haben das auch sehr positiv gesehen und
166 somit ist auch in (Ort der Gemeinde) … wir haben einen Herzstein (nickt) …
167 im Ort, also ein Wanderziel ist das … und da haben wir auf diesem
168 Herzsteinweg dann zehn Herzensbildungsstationen gestaltet (lächelt). Wo
169 einfach der, der Gemeindesekretär an mich heran getreten ist und gesagt
170 hat: ‚bah ich finde das so super, was sie da macht. Können wir da nicht zehn
171 so Stationen mit euren Werten einfach gestalten und das haben wir wirklich
172 gemacht, also voll super (lacht).
173 I: Toll (lächelt anerkennend)
174 LP3: Wirklich, wo man das Gefühl gehabt hat, das geht über die
175 Schulmauern hinaus in den ganzen Ort, das ist schon … (grinst) ja. Sind wir
176 sehr stolz darauf.
177
178 I: Welche Rückmeldungen kommen von Seiten der Kolleginnen und
179 Kollegen oder von Eltern? Und können sie auch Veränderungen an den
180 Kindern wahrnehmen, dass sie dann an Sie rückgemeldet haben?
181 LP3: (Schaut in die Luft)Ich meine, die Kollegen waren ja immer, also nicht
182 immer von Anfang an, aber sobald wir die Herzensbildungsstunden dann
183 gemacht haben mit (Name der Herzensbildnerin) … waren sie involviert weil
184 da alle Klassen daran teilgenommen haben. Nicht nur wir … also von dem
185 her (überlegt) … (zuckt mit der Schulter) war, ja das war immer eigentlich
186 ein, ein, ein Team Herzensangelegenheit … und … die Eltern (schaut in die
187 Luft), o ja ich glaube schon auch, dass die, sie haben es zumindest sehr
188 geschätzt und … und wollten von Jahr zu Jahr, dass wir das wieder weiter
189 machen, und sie sind sogar dann in die Nachbarschule in die Neue
190 Mittelschule dann gegangen und wollten dass sogar dort weitergemacht
191 wird (lacht) … aber das haben sie leider nicht geschafft (lacht) … Aber drum,
192 von dem her denk ich mir … also sie waren sicher sehr positiv dem
193 gegenüber eingestellt … ja.
194
195 I: Eine letzte Frage hätte ich noch und zwar: Inwieweit finden sich Ihres
196 Erachtens die Ziele/ Werte des Konzepts von Oups im allgemeinen
197 Volksschullehrplan wieder?
198 LP3: (überlegt kurz) Naja beim sozialen Lernen, des Sachunterrichts sind sie

199   sicher drinnen, aber halt nicht so detailliert, einfach dieser Umgang

200   miteinander … das ist halt nicht so ins Detail dann … ausgearbeitet drinnen

201   aber da würde ich das einmal ansiedeln im Lehrplan … ja.

202

203   I: Ok. **Gibt es noch etwas, das Sie gerne ansprechen möchten? Ewas das**

204   **vielleicht noch nicht thematisiert wurde?**

205   LP3: (überlegt) … ich würde es jeder Pädagogin empfehlen (lächelt) muss

206   ich sagen und jeder angehenden Lehrerin, weil es einfach sehr, sehr

207   hilfreich ist … also, und ich habe es ja schon vielen … ah Nachbardirektoren

208   ans Herz gelegt, die eingestiegen sind … also (lächelt).

209   I: Wie wird das angenommen? Wissen Sie da was?

210   LP3: (überlegt) Ja … o ja es sind eigentlich … wenn man da eben selber so

211   begeistert erzählt was wir machen und wie das wirkt (lächelt) … das springt

212   schon über der Funke. Also ich habe da durchwegs dann auch Interesse …

213   geweckt in den anderen, nur haben sie das Problem gehabt, (verschränkt

214   die Arme) dass die-, unser Herzensbildner halt dann nicht mehr so viele

215   Schulen nehmen hat können (lacht) … und dass dann viele Schulen einfach

216   nicht mehr zum Zug gekommen sind … ja.

217   I: Also von meinen Fragen her war es das. Vielen Dank für Ihre Zeit, die Sie

218   sich genommen haben.

219   LP3: Ich finde es voll super, dass Sie das wirklich so als Thema nehmen, die

220   Herzensbildung (lacht). Einfach für so eine Arbeit, auf so eine Idee wäre ich

221   gar nicht gekommen, wirklich genial (strahlt), das gefällt mir.

222   I: Ich würde Ihnen die Masterarbeit auch zukommen lassen, wenn Sie

223   Interesse haben.

224   LP3: Ja gerne.

225   I: Ich wünsche Ihnen weiterhin alles Gute und noch einen angenehmen Tag

226   (lächelt).

227   LP3: Dankeschön, ebenfalls und alles Gute und gutes Gelingen für die Arbeit

228   (lächelt).

229   I: Dankeschön.

Printed by Books on Demand GmbH, Norderstedt / Germany